Heinz Grill

Erziehung und Selbsterziehung

Heinz Grill

Erziehung und Selbsterziehung

Die Seele als schöpferisches Geheimnis
der werdenden Persönlichkeit

Die Deutsche Bibliothek – CIP-Einheitsaufnahme

Ein Titeldatensatz für diese Publikation ist bei
der Deutschen Bibliothek erhältlich

Copyright 2001 bei
Lammers-Koll-Verlag e.K.
Leopoldstraße 1
D-75223 Niefern-Öschelbronn

Alle Rechte vorbehalten
ISBN 3-935925-66-2

Titelfoto: Stephan Wunderlich
Lithografie: Lithostudio Slowiok, A-5760 Saalfelden
Gestaltung und Satz: Albert Wimmer
Druck: Vochezer-Druck, D-83301 Traunreut

Inhalt

Fragen zur Selbstprüfung   11

Die Erziehung zu Aufrichtigkeit und Persönlichkeit   13
Vortrag in Bad Häring, 15. November 1996

> Die Logik der dargelegten Erziehungskunst aus der geistig-imaginativen Sicht als Beitrag zu einem tieferen Verständnis der Seelenentwicklung von Kindern und Jugendlichen. Die fundamentale Bedeutung der Persönlichkeit und Autorität des Erziehers. Der persönliche Wille als heiliges Geheimnis. Die Notwendigkeit einer Synthese von Wissenschaft, Kunst und Religion als Fundament für die körperliche, seelische und geistige Entwicklung. Die charakteristischen Merkmale der ersten drei Lebensjahrsiebte. Die Unterscheidung von kindlichen Persönlichkeitsbereichen, die eine Förderung erhalten, und solchen, die unberührt bleiben sollten. Die Lebensbedingungen der Konsumgesellschaft als Ursache für die Schwäche in der Persönlichkeit und für das Wachsen der seelischen Not. Die Ehrfurcht als höchster Wert des Individuums. Das Heil der Seele als zentraler Sinn des Menschseins. Aufrichtigkeit, Haltung, Freisein von Ängsten als Ergebnis der reinen Erziehung. Einige medizinische Hinweise zu den Erkrankungen des Nervensystems.

Die Erziehung zu Freiheit und das Wirken von   40
Engelskräften in den ersten beiden Lebensjahrsiebten
Vortrag in Bad Häring, 16. November 1996

> Freiheit als höchste Liebe. Die Reinheit des Kindes im ersten Lebensjahrsiebt und sein Geleitetsein von den höchsten Engelshierarchien – eine erste Seelenübung. Die Anlage des Empfindungsbereiches im zweiten Lebensjahrsiebt durch Engelskräfte und die Ausprägung eines ästhetischen, heiteren und frommen Lebensgefühls – eine zweite Seelenübung. Das Scherze-Machen und Streiche-Spielen als Bedingung für Gedankenfreiheit, Willenskraft und Humor – eine dritte Seelenübung. Die Seele als schöpferisches Geheimnis der werdenden Persönlichkeit. Über die Entwicklung des Sprachvermögens. Hintergründe der Entstehung von Entwicklungsverzögerungen. Das Vermeiden von intellektueller Überforderung und die Bildung von Anschauung durch lebensnahe Aufgabenstellungen. Die Entpersönlichung als Ursache für Überforderung und Unterforderung der Kinder. Die große Aufgabe der Erziehung als Hinführung zu Verehrung, Ehrfurcht und Hingabe.

Die Erziehung des Jugendlichen   73
Vortrag in Bad Häring, 17. November 1996

> Das Erwachen des agonalen Prinzips im Jugendlichen und sein Beziehungsverhältnis zum Erzieher und zur Welt. Zur Berufswahl und Berufsausbildung des Jugendlichen. Freiraum-Gewähren und Führung-Geben als Forderung einer mutigen Erziehungsleistung. Grenzerfahrung und Grenzüberschreitung als wesentliches Moment der Persönlichkeitsbildung.

Die Bedeutung einer religiösen Selbsterziehung als 84
Grundlage zur Charakterbildung in der Persönlichkeit
und einer verantwortungsvollen Kindererziehung.
Wir wirken Eltern auf ihre Kinder?
Vortrag in Biel, 16. Juni 1998

Welche Bedeutung hat für Erzieher die Selbsterziehung, die ein seelischer Prozess ist, im Vergleich zu der methodisch-didaktischen Vorgehensweise? Über die Unterschiede eines leibgebundenen Denkens, zu einem mehr körperfreien Denken anhand einer Seelenübung. Welchen Stellenwert hat ein leibfreies Denken in der Pädagogik? Über das Wirken von Engeln in der Erziehung und wie diese geistigen Kräfte gefördert werden können.

Über das Lügen 105

Die Lüge als ein Ausdruck von Lebensangst. Die Lüge der Kinder als ein Spiegelbild der materialistischen Anlage im Wesen, Denken und in der Psyche des Erwachsenen.

Körperübungen für Kinder und Jugendliche 112
als Begleitung zur Erziehung

Die Yogaübungen als Unterstützung bei Nervosität, Konzentrationsschwäche und Haltungsproblemen. Die Körperübungsweise im ersten Lebensjahrsiebt als rein gebärdendes, spontanes, lebendiges, nachahmendes und ideenschaffendes Spielen zur Erforschung der Materie und des Lebens. Besonders geeignet erscheinen Übungen, die Tiere symbolisieren. Das zweite Lebensjahrsiebt und die Förderung des inneren Empfindungslebens durch Übungen, die einen Wesenszusammenhang mit Blumen haben. Körperübungen zur Förderung und Entwicklung von Spannkraft beim Jugendlichen im dritten Lebensjahrsiebt.

Der Tod von Kindern 121

Der Tod eines Kindes aus der Sicht des irdischen Lebens und aus der geistig-imaginativen Schau mit seiner erbauenden und erkraftenden sowie segenbringenden Bedeutung für das irdische Leben.

Die Indigokinder 126

Epilog 139

Anmerkungen 141

Das Buch »Die Seelenseite des Lehrens und Erziehens«, das inhaltlich mit der vorliegenden Schrift in Zusammenhang steht und Grundlagen zum Yoga und zur Selbsterziehung enthielt, ist vergriffen und wird auch nicht mehr neu aufgelegt werden. Einige Auszüge dieses Buches, die im Kontext mit der hier angesprochenen Thematik als wesentlich erschienen, wurden am Ende der Ausführungen als Anmerkungen beigefügt. Das umfassende Gebiet des Yoga und der Selbstverwirklichung hat Heinz Grill auch in seiner weiteren Literatur ausführlich und vertieft dargelegt.

Fragen
zur Selbstprüfung

1. Fragen zum Beginn des Übungsweges

Wie gelangen wir zu dem großartigen Ziel, gute Erzieher zu sein und vorbildliche Lehrer darzustellen? Wie finden wir den so schwer zu betretenden Einstieg zu einem sinnvollen Übungsweg, der uns selbst im Inneren der Seele fördert und uns die weisheitsvollen Kenntnisse über Menschenkunde, Natur, Kunst, Materie, die Gesetze und Zusammenhänge der Materie, über den Kosmos und über verschiedene Entwicklungs- und Evolutionsstufen eröffnet? Wie gelangen wir zu einem Selbstbewusstsein, das überzeugend, authentisch, rational, geistbeseelt und gewaltlos, freiheitsfördernd und verbindend auf die zu erziehenden Kinder und Jugendlichen wirkt? Diese Fragen beschreiben den Anfang eines unendlich langen Weges der Mühe um individuelle und universelle Vollkommenheit. Wir wollen uns diese und ähnliche Fragen auf intensive Weise stellen.

2. Fragen zur Überprüfung des eigenen Standpunktes

Es ist nicht belanglos, in welcher Art und Weise und mit welcher Zielabsicht wir uns die Fragen zu unserem Berufsweg und Lebensideal stellen. Wir können beispielsweise die Fragen in Hinblick auf ein universales, pluralistisches Verständnis der Weltschöpfung erbauen und uns in eine lebendige, interaktive Beziehung zu den verschiedenen und einzigartigen Erscheinungen bringen. Oder wir können die Fragen in eigener Positionssuche stellen und mehr ein monistisches Weltbild befürworten, bei dem wir nicht von einer unendlichen Vielzahl der Phänomene und Ursachen, sondern von einer Gleichheit und Linearität eines Gottes ausgehen. Bei einem monistischen Weltbild geben wir uns mit der Antwort, dass Gott an allem Anfang jeden Seins steht, bald zufrieden und wir unternehmen dann nicht mehr großartige Abenteuer der Suche nach der tieferen und verborgenen Weisheit, die in allen Phänomenen innenliegt. Was suchen wir wirklich? Prüfen wir unsere Haltung in der Seele und fragen wir uns, ob wir die vielen verschiedenartigen Gesetze der Weisheit, die sowohl im Menschen als auch in den Erscheinungen der Natur leben, erkennend und verstehend erfahren wollen.

3. Die Liebe als Maßstab für die eigene Entwicklung

Die verbindende, fördernde, heilende, erhaltende, befreiende und beseligende Macht der Schöpfung ist der von innen wachsende Keim der Liebe. Die Liebe ist das Zentrum in allen Menschenherzen. Sie ist wahrlich die innerste ungreifbare Substanz des Geistes. Ich frage mich: Gedeiht und wächst die Liebe in meinem Wesen durch meine Tätigkeit als Erzieher und Pädagoge? Die Liebe ist der innerste Maßstab zur Beurteilung aller pädagogischer Tätigkeit.

4. Fragen zur eigenen Erwartungshaltung an die Kinder

Wie ist meine Erwartungshaltung zu den Zöglingen und Schülern? Erwarte ich rationale Grundsätze und Pflichterfüllung, wie beispielsweise eine Pünktlichkeit zur Schulstunde und Beteiligung am Unterricht, oder erwarte ich schon beste Ergebnisse, persönliche Anerkennung für mich selbst, will ich mein eigenes Ideal im Spiegel der Schüler finden und stelle ich somit idealisierte Erwartungshoffnungen auf? Die erste Erwartung ist naturgegeben und darf zu einer Grundsätzlichkeit den Lehrrahmen stützen, während die idealisierte oder emotional gebundene Erwartung keine Berechtigung im Unterricht und in der Erziehung besitzt.

5. Wie frei gestaltet sich das Verhältnis zu den Kindern?

Welches Verhältnis bestimmt den grundlegenden Austausch von mir, dem Erzieher, zu den Kindern? Binde ich die Kinder an mich, erschaffe ich mir für mein Leben durch sie einen Inhalt, den ich bisher nicht gefunden habe, oder lasse ich sie frei und bleibe ich unabhängig in klaren Gedanken und Urteilen gegenüber ihnen? Wie frei bin ich selbst? Das Maß meiner Freiheit wird die Weite der Freiheit für Erziehung und Unterricht darstellen.

6. Fragen zur eigenen Motivation

Nehmen wir die Kinder in der Erziehung, in der Schule, im Unterricht wirklich an? Der erste Augenblick, dann, wenn wir in die Klasse vor die Augen der jungen Knaben und Mädchen treten, gibt den jungen Seelen ein Gefühl des Angenommenseins und des Glücklichseins, wenn wir ihnen mit einer wahren, ernsten pädagogischen Absicht gegenübertreten. Der erste Augenblick ist wie eine Geburtsstunde des Geistes und er entscheidet bereits viel über das Gelingen des kommenden Jahres. Prüfen wir deshalb unsere Motivation, bevor wir am Anfang des neuen Lehrjahres vor die Klasse oder die Gruppe treten. Unsere Arbeit sollte die hohe Blüte der Achtung und die Wurzel des Ernstes tragen.

7. Fragen zur bestehenden Zielsetzung und zum Themenbezug

Sind wir nach dem Unterricht ausgebrannt, müde und deprimiert? Wir fragen uns nach der Richtigkeit unserer Bemühungen. Sind wir selbst wirklich lebendig und schöpferisch tätig? Erschaffen wir angemessene Inhalte und lebendige Beziehungsformen und beschäftigen wir uns mit den Themen auf produktive und interessierte Weise? Lebt in uns noch das Feuer des Interesses an einer qualitativen Verbesserung der Arbeit und der pädagogischen Beziehungsfähigkeit? Verfolgen wir noch ein spirituelles Ziel?

Wir fragen uns kritisch, intensiv und wiederholt und lassen schließlich die genauen Kernpunkte der Fragen ruhig und ohne Grübelei auf uns wirken. Das Fragen führt uns zu der Entwicklung höherer Wünsche und bereitet unseren Willen auf höhere Zielabsichten vor. Der Geist, die Idee und die Frage stimmen das Leben auf ein höheres Niveau ein. Wir werden durch den wachsenden Sinn für die aufsteigende Entwicklung auf dem Berufsweg zu der erfüllenden Berufung gelangen.

Die Erziehung zu Aufrichtigkeit und Persönlichkeit

Vortrag in Bad Häring, 15. November 1996

I

Die bevorstehenden Ausführungen über die Erziehung und Selbsterziehung stellen einen gewissen Anspruch an unser gewöhnliches Bewusstsein, da die Gedanken in mancher Hinsicht den gegenwärtigen pädagogischen Bemühungen widersprechen. Es ist besonders für all jene, die das erste Mal hier bei einem Vortrag zuhorchen, eine neue mentale und innere Anforderung, denn die Worte, wie sie gesprochen sind und wie sie aus dem imaginativen Zusammenhang die Logik der Erziehung wiedergeben, sind so sehr ungewöhnlich und so schwer greifbar, dass sie vielleicht allzuleicht als Phantasterei oder weltenferne Idealisierung abgetan werden könnten. Die Ausführungen wollen aber weniger die pädagogischen Methoden der gegenwärtigen Zeit kritisieren, noch wollen sie diese von einer alternativen Warte aus neu interpretieren. Sie sind vielmehr ein Beitrag für ein tieferes und umfassenderes Verständnis der Seelenentwicklung der Kinder, Jugendlichen, jungen Erwachsenen und Erwachsenen, und sie sollen uns als Erzieher, Lehrer, Pädagogen oder Ärzte in der Seele selbst wachrufen und uns von innen heraus im Bewusstsein wie auch in der Haltung stärken.

Diese Worte, wie ich sie spreche, sind aus der unmittelbaren Nähe der Anschauung und Aufmerksamkeit geboren. Sie sind Liebe und Frieden für die Seele. Sie stärken die Seele. Ich bitte Sie, diese ganzen Ausführungen, wie sie in Bildern verdeutlicht und begrifflich nahegeführt werden, nicht aus dem Zusammenhang zu reißen, denn sie besitzen im Kontext ihren Sinn. Die Worte sind in ihrer Gesamtheit Meditation und sie sind eine Melodie aus dem Geiste.

Die Erziehung ist niemals auf Jugendliche, Kinder und Kleinkinder beschränkt. Wäre Erziehung nur eine pädagogische Geschicklichkeit oder die Anwendung einer sicheren, handfesten Methodik, so könnte sie niemals das Leben wirklich berühren und in der Freiheit fördern.

Erziehung ist immer Selbsterziehung. Unsere eigene Entfaltung und unsere eigene kraftvolle Bemühung um Reinheit, Rationalität, positive Ausstrahlung und geistige Vollkommenheit ist wichtiger zu werten als die Methoden, die wir an anderen lehrend und erziehend anwenden.

II

Für den ersten Teil unserer Ausführungen und für die Beleuchtung des Themas der Erziehung erscheint es zunächst einmal sehr wichtig, dass wir uns einige Gedanken darüber machen, welche Dimensionen durch unsere Erziehungsverantwortung bei den Kindern angesprochen werden. Wir können in einer einfachen Gliederung drei verschiedene Ebenen skizzieren. Zunächst richtet sich die Erziehung und Förderung auf eine körperliche Formung und leibliche Durchgestaltung. Weiterhin führt unser Einfluss bei den Kindern, vornehmlich bei den kleineren, zur Entwicklung erster Fähigkeiten wie Sprache, Benehmen und zur Förderung der verschiedensten notwendigen und elementaren Fertigkeiten wie Schreiben, Rechnen, Lesen, Beurteilen und Verstehen. Schließlich richtet sich aber die Erziehung auch auf die innerste Moralentwicklung und sie richtet sich in diesem Zusammenhang noch darüber hinaus auf die Entwicklung von Seele und Reinheit in der Persönlichkeit. Die Krone der Erziehung und gleichzeitig die Wurzel aller Bemühung ist die Förderung von all jenen Kräften und Qualitäten, die das Menschsein erst zur Reife und zu einem wirklichen Bewusstsein, wie auch zu einer Freiheit und Festigkeit im Geiste erheben. Diese dritte Zielrichtung des Lehrens und Unterrichtens wird heute am wenigsten diskutiert, sie wird sogar durch die vielerlei Methoden und Veräußerlichungen der Lehranwendungen außer Acht gelassen. Die folgenden Ausführungen richten sich aber in erster Linie an diese innerste Erziehung der Seele und sollen jenen am wenigsten bekannten und verborgenen Teil der Erziehung in das Licht rücken. Erziehung soll die Schönheit und die Reinheit des Geistes als Wurzel und Krone des Menschseins fördern, sie sollte alle anderen Teilaspekte dieser großen und wichtigsten Zielsetzung in einem bestmöglichen und denkbar weitesten Bewusstsein fördern.

Diese Einteilung in drei Grundprinzipien, in ein körperliches, ein psychisches und ein geistiges Prinzip, erscheint hier für den Anfang unserer Ausführungen sehr wichtig, denn sie gibt auch eine Richtung oder eine Gewichtung in der so umfassenden Disziplin der Erziehung. Auf allen Lebensgebieten existiert die Notwendigkeit zu lernen und zu lehren. In der Familie bildet die Erziehung durch die Eltern die Grundbasis für die Harmonie des Zusammenseins, und in der Schule nimmt das Lernen und Unterrichten einen spezifischen, prägenden Charakter für die Persönlichkeitsbildung und Persönlichkeitsentwicklung an. Aber die Erziehung ist mit der Schulzeit und den ersten Lehr- oder Studienjahren noch nicht zu Ende. Selbst in der zweiten Lebenshälfte arbeiten wir an uns selbst und bemühen uns um eine reifere Vollkommenheit, also um eine Veredelung des Charakters und um eine Weitung von Weisheit und Wissen. Im Mittelpunkt aller Bemühungen steht aber die geistige Erziehung, denn sie gibt durch ihren schwingenden und klingenden Radius erst die feine essentielle Melodie für ein psychisches und körperliches Gedeihen unserer uns anvertrauten Kinder. Es ist nicht die beste Methodik, die uns letztendlich zu guten Erziehern macht, und es ist auch nicht das Studieren von Büchern oder das Besuchen von Seminaren, das uns tatsächlich die innerste unaussprechliche Qualität zur positiven, förderlichen und erbauenden Autorität schenkt. Es ist der göttliche, schöpferische Geist, den wir erkennend und liebend erlangen, der uns durch seine antwortende Gnadenwahl zu wahrhaftigen Erziehern macht.

Es ist heute eine der größten Gefahren, dass wir beständig nach neuen Lehrmethoden und nach besseren psychologischen Ansätzen in der Schulpädagogik und Kindererziehung suchen und dabei unsere eigene Persönlichkeit außer Acht lassen. Die wahre Erziehung strömt von einer Persönlichkeit und Autorität aus. Die Persönlichkeit ist ein Ergebnis der Reife, und die Reife ist ein Ergebnis eines Wissens, und dieses Wissen ist wiederum ein Ergebnis aus der Reinheit und Aufrichtigkeit und aus der gediegenen Festigkeit unseres Charakters. Diese Festigkeit des Charakters bezeugt mehr als alle Methoden zusammengenommen. Denn diese Festigkeit wirkt als ein Vorbild, dem die Kinder und Jugendlichen Respekt und Achtung entgegenbringen.

Leider ist heute eine sehr belastende Situation in unseren Erziehungssystemen entstanden, die den Lehrerberuf viel schwerer macht und das Lehren selbst in vielen Bereichen in Frage stellt. Nur noch wenige

Personen sind wirkliche Lehrer, die eine Anziehung und eine vorbildhafte, nichtautoritäre und doch klare Kapazität ausstrahlen. Die Wege des Studiums wie auch die Wege der Selbsterziehung veräußerlichen sich auf rein didaktische Formanwendungen und übersehen den tiefsten Wesenskern des Menschseins – das ist die Reinheit in der Persönlichkeit und die Schönheit der aufrichtigen Haltung.

Aber ich möchte nicht lange über die Situation, wie sie gegenwärtig ist, reden, denn diese Situation in ihrer Dramatik spricht für sich selbst und ruft daher förmlich nach einem viel tieferen Verständnis in aller Pädagogik, Lehrtradition und der Notwendigkeit einer wahrhaftigen Selbsterziehung. Das Ziel dieser Vorträge soll nicht ein Idealisieren von weltfernen Möglichkeiten sein, sondern es soll durch die Worte, wie sie gesprochen werden, eine erste innere Formung verbunden mit Aufmerksamkeit und Gewahrsein eintreten, die zur Entwicklung eines reineren Sinnes in der Persönlichkeit und eines weiteren Verständnisses über das Wesen des Menschseins verhilft. Aus diesem Grunde werden die Ausführungen über Methoden des Lehrens erst an einer dritten und weniger wichtigen Stelle erwähnt, und so werden vor allem jene Gedanken angesprochen, die zu einem einfühlsamen und innigeren Verständnis des Seins führen. In noch nicht lang vergangenen Zeiten wusste man noch die Bedeutung von »ordo essenti est ordo agenti«, was so viel heißt, wie: Die Ordnung des Seienden bestimmt die Ordnung des Handelns. Bevor wir also die Handlungen, Methoden und Strukturen für einen Unterricht bestimmen können, benötigen wir die Grundlage von wenigstens einigen Einsichten in das Wesen der höchsten Seele, die das Ordnungsprinzip für alles Seiende ist, und in das Gesetz des Werdens der Seele im irdischen Körper. Die Seele sollte aber, und darauf muss ich mit Nachdruck hinweisen, nicht mit einem Gefühl oder einem vergänglichen, psychischen Eindruck verwechselt werden. Die Seele im Menschen ist ein unsterbliches Sein, und diese Seele besitzt tiefe Gesetze, die sich über den Körper oder über psychische Reaktionen ausdrücken. Sie ist aber nicht das Ergebnis des Körpers und sie ist auch nicht an die vergängliche Erscheinungswelt einzig und allein gebunden. Die Seele ist ein Bindeglied zum Geistigen und sie gehört zum Körper, aber mehr noch gehört sie zu dem, das wir im Begriff »Gott« nennen.

III

Diese Tage dienen uns zur Vertiefung in das Wesensgesetz des Seins oder, deutlicher ausgedrückt, in die Natur des geistigen Wesens in uns. Wir rücken das Licht der Aufmerksamkeit auf einen über die Psyche hinaus existierenden Urgrund, den wir mit den gewöhnlichen Begriffen nur sehr schwer erfassen und den wir daher nur in sehr sorgfältigen, wohlerwogenen Analogien, Gleichnissen und imaginativen Beschreibungen darstellen können. Die Beschreibungen sind das Ergebnis einer geistigen Forschungsarbeit, bei der der Blick nicht nur auf die sinnliche Erscheinungswelt gerichtet bleibt, sondern bei der jenes größere Sein oder jenes viel umfassendere Lebensgesetz aus dem geistig-seelischen Sein in die Betrachtung mit hineingenommen ist. Wir leben wahrhaftig nicht nur in einer begrenzten Zeit innerhalb der markanten Ereignisse von Geburt und Tod. Das Leben hört nach dem Tode nicht auf. Vielleicht mögen Einzelne nicht an dieses Weiterexistieren eines seelischen oder geistigen Daseins glauben und vielleicht mögen Einige diese Sicht daher aus der Erfahrung vollkommen ausklammern. Ob wir an eine Präexistenz der Seele vor der Geburt glauben und ob wir damit eine Reinkarnationslehre, die für den Osten typisch ist, implizieren, mag für unsere Betrachtung der Erziehung nun einmal nicht so wichtig sein. Wichtig ist nur, damit wir zu rationalen Ergebnissen und klaren Eindrücken kommen, dass wir unseren Blick über die sinnliche Welt hinaus erweitern und ein höheres Gesetz annehmen und bejahen lernen, das dem individuellen wie auch dem universalen Menschsein in allen Teilbereichen und Lebensjahren zugrunde liegt. Das Sein bestimmt das Werdende und dieses Sein lebt im Werdenden. Das Leben strömt von dem göttlichen Geist aus, es äußert sich in der unendlich differenzierten Vielheit individueller Gestaltwerdung und es äußert sich in einer immensen Ausdrucksstärke des persönlichen Willens. Dieser persönliche Wille ist ein heiliges Geheimnis, er ist unantastbar und dennoch bedarf er durch die Erziehung einer rechten Bahnung und einer Förderung zur Ausgestaltung.

Dieses Studium in Form von kontemplativen oder meditativen Betrachtungen zu dem Wesen des Menschseins ist in Wahrheit ein tiefreligiöses Studium oder, wie wir vielleicht in unserem Kulturbereich sagen, ein christliches Studium. Es ist ein lebendiges Studium des Lebens und dessen Gesetz, das sich in einer unüberschaubaren Vielfalt äußert. Der christliche Geist in diesen Worten mag vielleicht für das Gehör eines Atheisten schmerzliche Gefühle aufrufen und dadurch Ablehnung bewirken. Ein wichtiges Anliegen dieser Ausführungen liegt aber weder in der Postulierung bestimmter moralischer Traditionen noch in der konfessionellen Belehrung. Das Studium im Sinne einer christlichen, religiösen oder allgemein inneren Seelenrealität führt uns vielmehr näher an das schöpferische Lebensgeheimnis des Willens. Der Begriff der Religion ist zunächst einmal ganz allgemein zu nehmen, ohne Zuordnung zu einer bestimmten Tradition oder Konfession. Die Religion mit ihren Geheimnissen ist aber für die Erziehung wichtig. Mit ihr berühren wir das große Geheimnis der Schöpfung oder das Sein im Werdenden oder auch das Geheimnis unseres Menschseins. Wir berühren das Mysterium Magnum, das Sein des Höchsten in der Welt. Damit diese Aussage noch ganz konkret wird, soll sie einmal mit einer Frage eine Verdeutlichung finden: Wo lebt dieses Mysterium in seiner selbstbewussten Gestalt? Es lebt im Menschsein, das sich durch das persönliche und bewusste Leben einen eigenen Freiraum schaffen, einen eigenständigen Entwicklungsweg gehen und sich einen unendlich weiten Sinn für die Schöpfung selbst aneignen kann.

Früher waren die Wege der Wissenschaft, der Kunst und der Religion noch nicht voneinander geschieden, zumindest waren sie mehr miteinander verwoben als heute. Die Trennung der drei großen Säulen der Menschheit, die das tragende Fundament für die körperliche, seelische und geistige Entwicklung darstellen, ist wohl eine Notwendigkeit unserer Gegenwart. Dadurch werden die Gebiete des Künstlerischen, Wissenschaftlichen und Religiösen viel detaillierter bewusst; die Trennung aber besitzt eine unermessliche Zahl von Nachteilen und sogar Gefahren für das Menschsein und die Kultur. Die Wege der nahen und fernen Zukunft müssen wieder mehr zu einer Annäherung und schließlich auch zu einer tieferen Verbindung führen. Solange die Wissenschaft von der Religion vollkommen entfernt ist, kann sie nicht wirklich eine Antwort auf die Fragen des Menschseins geben. Aber auch die Religion, die von der Kunst und von der Wissenschaft getrennt ist, kann für sich allein keine wirklich kraftvolle und erhebende Überzeugung verkünden. Die Wege der Zukunft müssen mehr in eine Synthese führen, die ihre Mitte, Einheit und Ausgestaltung im persönlichen Leben findet.

So weit diese drei Säulen jetzt auch voneinander entfernt sind, so sehr müssen sie wieder ihre Berührung in den Herzen und Gemütern der Menschen finden.

IV

In der Entwicklung und im Heranwachsen eines Kindes lassen sich bis hin zum Erwachsenenalter drei verschiedene Lebensperioden unterscheiden. Diese verschiedenen Lebensabschnitte sind etwa in Siebenjahresschritten ersichtlich. Sie enden mit dem Erwachsenenalter, das mit dem einundzwanzigsten Lebensjahr die Pubertätsphase beschließt. Zu diesem Zeitpunkt ist auch das rein physische Wachstum des Körpers vollständig abgeschlossen. Die Entwicklungsvorgänge nach dem einundzwanzigsten Lebensjahr sind in zunehmendem und steigendem Maße ausschließlich psychische Entfaltungsabschnitte, die durch den Gedanken und die Gedankenbildung getragen sind. In den folgenden Ausführungen sprechen wir vor allem die Erziehung an, die wir in den ersten drei Lebensjahrsiebten, also auf Kinder und Jugendliche ausüben. Der Siebenerrhythmus kennzeichnet unser Leben und beschreibt geistige Enthüllungsprozesse, die aus einer übergeordneten Steuerung dem Menschsein auferlegt sind. Sie konstatieren die Wahrheit von Rhythmus und seine bedeutende Wirkmächtigkeit. In den Siebenjahresrhythmen drücken sich die makrokosmischen, zeitlich abgestimmten Phasen der Astralregion aus. Sieben Planeten regieren hauptsächlich unser inneres Gemütsleben. In allen Zeitphasen der Vergangenheit sah der Mensch die Wirksamkeit der Planeten und ihre enthüllende, substanzprägende, gestaltformende und fruchtbringende Einflusskraft. Die Sieben ist die Zahl, die imaginativ und wissenschaftlich dem Sein im irdischen und bewegten Leben zugrundeliegt. Unser Leben ist geprägt durch die verschiedenen Entfaltungsvorgänge von Jahrsiebt zu Jahrsiebt.

Das erste Lebensjahrsiebt besitzt charakteristische Merkmale, die wir am treffendsten wohl als subjektives Sich-Einsfühlen mit der Welt bezeichnen können. Ein kleines Kind fühlt sich ungetrennt vereint mit der Mutter und es fühlt sich mit allen Gegenständen der Umgebung unmittelbar vertraut. Jene Spaltung in ein Ich und ein Nicht-Ich oder in Subjekt und Objekt, die uns durch die Bewusstseinsanlage im Denken und Wahrnehmen gegeben ist, ist bei einem Kind noch nicht wirklich geboren. Ein

Kind fühlt sich in der vertrauten Umgebung heimisch und eins und erlebt diese Umgebung ganz als das eigene Zuhause. Sicherlich besteht die Angst vor fremden Personen und vor fremden Räumen, doch diese Angst ist noch nicht verobjektiviert, sondern sie ist ganz natürlich die Hemmnis vor Neuem und Befremdendem, das zur Überforderung und somit zur Bedrohung für den eigenen Erlebensraum wird. Das Empfinden des Einsseins ist noch ganz tief im subjektiven Erleben und ungeteilten Aufnehmen der Außenwelt angelegt.

Dieses Lebensjahrsiebt beschreibt die Urbasis, auf der sich das Urvertrauen und die spätere gediegene Festigkeit in der Haltung entwickelt. Die Jahre bis hin zum Schulanfang sind die tiefsten, einprägsamsten und somit bedeutungsvollsten Lebensjahre, in denen sich jene Kapazität entwickelt, die man als Anlage und Erbe bezeichnet. Sie bilden die Wurzel für das Leben und sie bilden das Urvertrauen, das für die ganze spätere Zeit bis hin zum Alter bestehenbleibt. Dieses erste Lebensjahrsiebt werden wir noch viel genauer mit einzelnen Fragen erarbeiten und wir werden damit zu einem der wesentlichsten Erziehungsmerkmale beziehungsweise Erziehungsgesetze gelangen. Jedes Jahrsiebt besitzt in der Bedeutung eine tiefe, weisheitsvolle Aussage, die sich als ein zentrales Sinngeschehen äußert und in vielseitigen Spezifikationen und Details den Weg in das äußere Leben hinein nimmt.

Damit wir dieses Lebensjahrsiebt vom zweiten und dritten Lebensjahrsiebt abgrenzen, sollen zur Information diese beiden nachfolgenden Perioden der Entwicklung noch eine Skizzierung erhalten. Etwa mit dem Beginn des Schuleintrittes um das sechste und siebte Lebensjahr erwacht der kleine Zögling erstmals zu einem Empfinden von der Wirklichkeit der Außenwelt. Er sieht den ihm gegenüberstehenden Lehrer oder den materiellen Gegenstand nicht mehr aus dem einheitlichen und verschmelzenden Blicke an, sondern aus einem schon konkreteren Gefühl des Wahrnehmens des wirklich Anderen. Das Objekt erscheint vielleicht noch immer recht überwältigend und faszinierend, vergleichbar mit der Faszination eines Lichtes, das ein Kind im ersten Lebensjahrsiebt mit strahlenden Augen entdeckt. Aber es erscheint jetzt ein Größeres im Gefühl, das sich gestaltend und faszinierend vor den Augen öffnet. Ein tiefes Aufblicken und ein bewussteres Fühlen von etwas wahrhaftig in der Welt Gegebenen entsteht. Aber noch ist dieses

Bewusstsein sehr projizierend, idealisierend und vielleicht zu einem doch recht großen Maße noch träumend. Dieses träumende, aufschauende Bewusstsein entspricht dem zweiten Lebensjahrsiebt. Dieses zweite Jahrsiebt prägt vor allem das innere Empfindungsleben und die Kraft zu einem frommen Glauben in der Anlage des Herzens.

Mit dem Beginn der Pubertät, die bei Mädchen zumeist etwas früher einsetzt als bei Knaben, beginnt wieder ein neuer Entfaltungsvorgang, der weitere unbekannte Keime im jugendlich werdenden Menschen freilegt. Auch diese Entwicklungsphase benötigt eine weisheitsvolle Erziehung und eine Führung, denn noch besteht für den Jungen oder für das Mädchen nicht die Weite in der Beurteilung und die Reife in der Persönlichkeit, dass das Leben aus sich heraus eine Führung erhalten könnte. Der Erzieher muss auch hier mit den richtigen Mitteln eingreifen, damit er die Persönlichkeit nicht im falschen Sinne beengt und der Freiheit beraubt und dabei dem stürmischen Drängen und den leidenschaftlichen Expansionen des Jugendalters doch gerecht wird. Hier in diesem Lebensalter entwickelt sich eine klare persönliche Haltung und eine erste Einordnung des Bewusstseins. Der Entwicklungsweg im dritten Lebensjahrsiebt ist von dieser Ordnung oder persönlichen Eingliederung in die übergeordneten Grundprinzipien des Gesellschaftssystems gekennzeichnet. Hier bestimmt sich das Maß der Aktivleistung und ihre sinnvolle Integration, die diese eigene Schöpferseite im Leben einnimmt.

V

Ausgehend von dieser übergeordneten Anschauung gelangen wir zu einer tieferen Deutung der verschiedenen Teilbereiche der Erziehung und können daraus ein konkretes Handeln erstellen. Es muss aber gesagt werden, dass jenes bisher beschriebene Schema der Lebensjahrsiebte nicht nur ein theoretisches Modell als eine äußere Hilfe darstellt, sondern dass es sich mit diesen Gedanken von allem Anfang an um eine Wirklichkeit handelt, die sich durch praktische und direkte Erforschung bestätigt. Das übergeordnete, große, sich von einer geistigen Ebene her ausgestaltende Bewusstsein des Seins wirkt in allen Spezifikationen und individuellen Äußerungen auf die Entwicklung ein und bestimmt dadurch das Wesen im Willen, im Empfinden und im Denken. Die Gedanken beginnen hier, in diesen Vorträgen nicht, wie man gewohnt ist, in der Einzelheit, sondern sie beginnen in der Weite und führen von dieser ausgehend zum Erfassen und Verstehen des Erscheinungsbildes im Detail.

Eine konkrete Unterscheidung, die man heute kaum mehr kennt, die aber für eine rationale und doch geistvolle, erfüllende Erziehung notwendig ist, lässt sich mit der Frage heranführen: Welche Bereiche dürfen von unserem direkten willentlichen Vorgehen beim Kinde berührt werden? Wo muss der Erzieher wirklich eingreifen, führen, lenken und lehren? Und wo muss er bewusst der Natur ihre Aufgabe unberührt überlassen? Diese Fragen sind heute, soweit sie überhaupt noch in die Diskussion gelangen, in eine tiefe Dunkelheit gekleidet. Es scheint heute sogar leider der Fall zu sein, dass man hier gerade entgegen der Natur arbeitet und das Gesetz der Erziehung derartig missversteht, dass als Resultat schließlich die Kinder die Eltern erziehen, anstatt dass die Eltern die Kinder führen und für das Leben vorbereiten. Aber wie nun auch die Tendenzen in unserem Gesellschaftssystem sind, es ist einmal wichtig, aus einer eigenen schöpferischen Anschauung diese Frage sehr genau zu ergründen. Damit wir sie einigermaßen verständlich machen, bedarf es einer unbedingt notwendigen Aufmerksamkeit auf das Wesen des Kindes und weiterhin eines Erfühlens desjenigen Wesens, das wir als Seele bezeichnen. Die Seele ist der geheimnisvolle Bürger, der die Ursache für den Körper darstellt, und diese Seele bleibt in einem anderen Verhältnis als es der Leib ist, wenn auch die Seele im Leibe immer mehr zu ihrer Vollendung und Ganzheit strebt. Indem das Licht der Betrachtung auf dieses Geheimnis gelenkt wird, entsteht ein erstes Bewusstsein für die bedeutungsvolle Frage des Erziehens: Wo und wann greifen wir in den Willen des Kindes ein und brechen ihn damit vielleicht, und wo und wann lassen wir die Natur des sich entfaltenden Willens im Kinde zu sehr gewähren?

Diese Frage lässt sich vielleicht einmal in einer ganz allgemeinen Formulierung durch ein Beispiel klären: Stellen wir uns das Leben als ein unendlich fließendes Wasser vor, das durch sich selbst eine Bewegung aufweist und entsprechend den Schwerekräften talabwärts fließt. Dieses Wasser beginnt in feinen Rinnsalen, die sich zu Bergbächen sammeln und in Flüssen schließlich dem weiten Ozean zufließen. Das Wasser nimmt den Weg immer von einem höheren zu einem niedrigeren

Niveau, oder anders ausgedrückt, es nimmt den Weg zur Erde. Das Leben, wie es im ursprünglichen und einfachen Sinne uns allen gegeben ist, nimmt den Weg, den es aus der weisen Gesetzmäßigkeit erhalten hat. Dieser Weg führt in letzter Konsequenz immer zu Gott, er führt zur Vollkommenheit, er führt von der Endlichkeit in die Unendlichkeit. Die Unendlichkeit ist aber nicht eine weltenferne und utopische Bewusstseinsdimension, sie ist vielmehr Geist und Liebe und sie ist Erde und Materie und Leben im reinen Sinne. Der Weg zu Gott führt nicht in einen getrennten Himmel, wie man glauben könnte, er führt zur Erkenntnis der Materie und zur Nähe und Versöhnung mit ihr. So, wie das Wasser einmal in den Ozean einmündet, so mündet das Leben von einem Getrenntsein im Bewusstsein einmal wieder in eine unendliche, aber reifere und höhere Bewusstheit, in eine selbständige Bewusstheit des Geistes ein. Diesen Weg des Bewusstseins kann man als einen seelisch-geistigen Weg bezeichnen, der insgeheim als höchstes Ziel die alles einigende Mitte, die wir Gott nennen, sucht. Der höchste Wille unseres Menschseins ist von Gott geprägt. Er ist ein universaler, unendlicher und vollkommener Wille.

Wir wissen zuinnerst, dass der Wille des Menschen unantastbar ist. Insofern könnten wir auch jener versuchenden Neigung verfallen, den Willen des Kindes ganz den Instinkten und Trieben zu überlassen und es in jeder Weise antiautoritär gewähren zu lassen. Die Erziehung würde dann nur noch den Wert einer Fürsorge und vielleicht einer Dienstleistung in einer erdachten, idealisierten, schon vollendeten Welt erhalten. Mit dieser Vorstellung würde man niemals die Triebkraft und die instinktive Unterbewusstheit in eine höhere Schöpferkraft und Charakterstruktur emporheben. Verglichen mit unserem Beispiel hieße das, dass all die Flüsse niemals »kanalisiert« zu werden bräuchten, um ihre Bahn und Richtung zu den sinnvollen Zielpunkten zu finden. Aber dann würden sie einmal die Felder und einmal die Häuser überschwemmen, und sie würden ein anderes Mal das Ackerland verdörren lassen. So, wie die Gewässer auf der Erde ein Kanalisieren benötigen, so brauchen auch die jungen Menschen in ihrer Triebanlage und instinktiven Willensnatur eine Führung und Weisung. Diese Führung und Weisung muss durchaus Forderungen beinhalten und sie muss sich vielleicht in mancherlei Hinsicht in einer eher drakonischen Weise durchsetzen.

Es ist aber sehr wichtig, dass wir jenen innersten und unantastbaren Bereich, der mit dem unsichtbaren Seelenleben in Verbindung steht, berücksichtigen und der kindlichen Willensnatur den schöpferischen Freiraum gewähren, der das Leben selbst zur Persönlichkeit erhebt. Diesen inneren Raum, der noch feiner ist als die sich äußernden Gefühle oder die kindlichen Bedürfnisse, wollen wir sehr sorgfältig studieren, wir wollen ihn sehen, erfühlen und in der engelhaften, reinen Lebendigkeit erkennen. Dieses Studium ist in diesem Sinne ein geistiges, äußerst feines und achtsames Studium, es ist ein Studium des Seins der Seele und der heiligen, unantastbaren Welten, die sich auf subtilste und verborgenste Weise im Leben äußern.

VI

Wir wollen uns nun etwas eingehender mit dem ersten Lebensjahrsiebt beschäftigen. Dieses Lebensjahrsiebt bildet den Wurzel- und Ankergrund sowohl im Leibe als auch in der innersten Stabilität des Wesens. Bei der Betrachtung dieses Lebensjahrsiebtes ist es sehr bedeutsam, die Aufmerksamkeit in einer besonderen Konzentration auf die Eltern und Erwachsenen zu lenken, die mit der Führung und Erziehung der Kinder betraut sind. Genaugenommen müssten wir nun eine Einteilung in eine mütterliche und eine väterliche Rolle vornehmen. Diese Einteilung sei jetzt aber nicht der Kernpunkt unserer Betrachtung, denn die folgende Beobachtung ist in etwa gleichermaßen für die mütterliche und väterliche Rolle gültig. Von einer natürlichen Beobachtung ausgehend kommt man in der Regel zu der Einsicht, dass unsere Großväter und allgemein ältere Personen fast immer mehr Persönlichkeitsgefühl und Ausstrahlung besaßen beziehungsweise besitzen, als sie junge Menschen heutzutage noch haben können. Man erinnere sich an verschiedene Lehrer, die durch ihre persönliche Autorität wirkten und denen die Kinder Respekt und Ehrfurcht entgegenbrachten. Es sollte die Autorität nun nicht mit einem Autoritärsein, mit einem nur Strengsein verwechselt werden. Eine wirkliche Autorität ist durch verschiedene Merkmale, die man einem edlen Leben zuordnet, geprägt: Ausstrahlung, Sympathie, Gerechtigkeit, Wärme, Durchführungsvermögen, Konzentration im Worte, Aufrichtigkeit in der Haltung, Können im Fachgebiet, Überzeugungskraft durch Weisheit und Beredsamkeit, Zurückhaltung bei gleichzeitig bestehender Persönlichkeit. Dies sind vielleicht die mehr väterlichen Eigenschaften. Die mütterlichen Eigenschaften sind unermüdlicher Fleiß, Frömmigkeit, Nähe und Verbindung im Wort und im Gefühl, Herzlichkeit, unübertroffene Geschicklichkeit bei gleichzeitiger Weisheit im Worte und Feinheit im Gespür, intuitives Wissen, Schönheit und ein sensitives, geschmeidiges Persönlichkeitsgefühl, das auf wahrhaftiger, weiter Liebe beruht. Eine Autorität, die von diesen Eigenschaften geprägt ist, gleich ob sie nun eher der mütterlichen oder väterlichen Art zuzuordnen sind oder ob sie in einer Persönlichkeit auf verschiedene Weise angelegt sind, wirkt heilsam, erbauend und überzeugend auf die junge, unbescholtene Kinderseele.

Die geheime Melodie der Erziehung ist ein höchstes Kunstwerk und eine höchste Schöpferkraft, die aus dem allerinnersten persönlichen Leben entsteht und wie ein zündendes Feuer die Umgebung erwärmt. Dieses zündende Feuer lebt in der Pädagogik und äußert sich durch die gewählte Lehrweise, aber der Funke kommt nicht aus diesen Bereichen, sondern er kommt aus dem Erzieher und seiner Autorität selbst.

Ein wirkliches Wissen bereichert die Ausstrahlung der Persönlichkeit und macht sie sympathisch, zart und schön. Ein Wissen, das nicht nur Theorie ist, sondern sich in allen Lebenslagen beweist, ein Wissen über die innersten Prinzipien der Materie, des Lebens und der Seele erweckt ein nahes Fühlen zur Materie und zu den Mitmenschen und strahlt auf die zu erziehenden Kinder harmonisch aus. Nichts ist belastender und schwieriger für die jungen, zarten Kinderseelen als die komplizierten psychologischen Vorgehensweisen, die eine ungeschickte Unnatürlichkeit und eine belastende Entfremdung ausdrücken. Die Nähe und Einfachheit, die Sympathie und Natürlichkeit sind Zeichen einer wirklichen Autorität. Sie sind das Ergebnis von Wissen, aber das Wissen ist weder ein intellektuelles Wissen noch ein emotionales Idealisieren. Es ist ein Wissen, das aus der Weisheit und Einsicht in das Wesenhafte und Geheimnisvolle der Schöpfung geboren wird.

Wir sind heute in unserer Persönlichkeit und damit in unserer Ausstrahlung so sehr geschwächt, da wir vielleicht in unserer eigenen Erziehung keine wirkliche Willensführung erhalten haben und durch die Lebensbedingungen der Konsumgesellschaft keine nennenswerten

Opferleistungen erbringen müssen. Wir sind zu sehr gewohnt, das Brot zu kaufen und ein Auto zu fahren. Ein Leben mit unermüdlichem Einsatz und Arbeit und mit einer Hoffnung auf das ewige Seelenheil nach dem Tode ist uns fremd geworden. Wir streben nicht mehr wirklich nach Gott und nach einer Vollkommenheit im menschlichen, ethisch-moralischen und spirituell-geistigen Sinn. Aus diesem Grunde können wir keine wirkliche Autorität werden, und unsere Methoden der Erziehung verlieren sich in einem hoffnungslosen Flickwerk von unnatürlichen Versuchungen.

Eine Autorität beruht immer auf wahrhaftigen Werten, die über die Zeiten und Zonen hinweg ihren gediegenen Charakter behalten. Solange wir nur nach einem äußeren Selbstbewusstsein und nach materiellen Zielen streben, erschaffen wir trennende Gefühle und eine wachsende seelische Not im Dasein. Durch die tiefere Suche nach Wahrheit und durch eine reale, mutige Verwirklichung der hohen und höchsten Werte des Menschseins, entfalten wir eine Persönlichkeit und eine rationale Autorität.

In der Wirklichkeit des Lebens und in der universalen Stellung des Individuums zur Schöpfung, zu den Mitmenschen und zu Gott besitzt die Ehrfurcht den höchsten Wert. Die Ehrfurcht ist das Ergebnis von Anerkennung, Achtung, Liebe und Hingabebereitschaft. Die edelste Tugend der Ehrfurcht, die alle anderen Tugenden mit einer feinen Frische befeuchtet, gibt der Erziehung den innersten Klang und die Kraft zur Überzeugung. Heute aber ist die Ehrfurcht verpönt, und damit treten lediglich äußere, unsichere, ehrgeizige und machtsüchtige Persönlichkeitsgefühle auf. In diesen Persönlichkeitsgefühlen fehlt die wirkliche Überzeugungskraft, und deshalb kann die Erziehung keine wirkliche Erziehung mehr sein. [1] (siehe Anhang)

VII

Unsere Persönlichkeit wirkt so unmittelbar auf die kleine Kinderseele wie die Sonne auf die Blüte einer Blume. Gerade im ersten Lebensjahrsiebt ist dieses Verhältnis ein direktes und einheitliches. Aus diesem Grunde wird es verständlich, warum wir die Erziehung nicht nur auf die Methode beschränken dürfen, sondern zuerst auf unsere eigene Vollkommenheit und Reinheit ausrichten müssen. Was hätte es für einen Wert, wenn wir eine bessere Psychologie im Umgange mit den Zöglingen finden würden und dabei eine negative, zersetzende Ausstrahlung besäßen? Was hätte es für einen Wert, wenn wir von Erziehung sprechen und theoretische Formeln diskutieren würden und dabei selbst an uns keine Erziehung übten? Wir wären Lügner und Betrüger. Die Erziehung ist von dem Grade unserer Reinheit abhängig und besitzt immer nur das Maß der Überzeugungskraft, die wir aus unermüdlichem Opfer und Liebe zur Vollkommenheit errungen haben.

Wie wichtig diese eigene Strahlkraft und gediegene Festigkeit in der Haltung ist, zeigt uns auch eine weitere geistige Beobachtung über das erste Lebensjahrsiebt. In diesem ersten Lebensjahrsiebt arbeitet ein vollkommener, reiner Wille zur Erschaffung der Formstruktur der Organe und zur ersten Gestaltung des Leibes. Unmittelbar nach der Geburt besitzt ein Kind noch keine richtige Form. Es ist weich in den Gliedern, und selbst der Kopf prägt seine signifikante Gestalt erst aus. Bis zu dem Beginn der Schulreife werden in diesen so wichtigen kindlichen Lebensjahren die Organe in ihrer Formstruktur und Festigkeit geschaffen. Obwohl das Wachstum nur zu einem gewissen Teil abgeschlossen ist, bildet sich doch in den Organen, sowohl in den Stoffwechselorganen des Bauchraumes als auch in den Nerven und im Gehirn, eine Art Festigkeit und ein Halt, der für das ganze Leben von einer entscheidenden Wichtigkeit ist. Von dieser Festigkeit in den Organen hängt die zukünftige physische und psychische Gesundheit des Kindes ab.

Für unsere Betrachtung wird es nun sehr interessant, die feinen Unterschiede, die sich in diesem Lebensabschnitt durch die Entfaltungsvorgänge zeigen, zu untersuchen. Damit wir einigermaßen einen Sinn für die Entfaltungsvorgänge der Kinderseele erhalten, ist es sehr wichtig, dass wir uns in das Wesen dieser zarten Sinneswelt im Kinde hineinversetzen. Es ist das Kind mit drei, vier und auch noch mit fünf und sechs Jahren wie ein feiner Tautropfen am morgendlichen Blatte. Die Sonne scheint auf diesen Tautropfen und nimmt ihn langsam von dem Blatte. Die Sonnenstrahlen wirken durch diesen sensiblen Tau hindurch und berühren das ganze Pflanzenwesen. Ein Kind ist in diesem Lebensjahrsiebt so zart und durchsichtig, so ungeschützt und frei und so sensitiv und rein wie dieser Tropfen. So, wie die Sonnenstrahlen durch den Tautropfen hindurchstrahlen und ihn langsam aufnehmen, so verhält es sich auch mit dem Einfluss durch uns Erwachsene in der Erziehung. Wir wirken mit unserem Wesen und unserer Autorität unmittelbar und direkt auf den feinen Organismus des Kindes.

Wie fühlt ein Kind in diesen Lebensjahren? Wir haben schon angedeutet, dass in der jungen Kinderseele noch eine einheitliche und damit rein subjektive Erlebenswelt vorherrscht. Die Augen des Kindes blicken bald nach der Geburt nach außen und erleben die wärmende Fürsorge der Mutter. Die Mutter selbst schenkt sich dem Kinde und wird von der Seele des Kindes unmittelbar aufgenommen. Es gibt keine trennende Schranke und somit kein Ich und Du. Die Augen des Kindes sehen die Außenwelt und nehmen an dieser Außenwelt so intensiv und direkt teil, dass diese zur eigenen Innenwelt wird. Ein Kind fühlt selbstvergessen, und somit ist die Außenwelt die eigene Welt im Inneren. So, wie der Tautropfen mit dem wärmenden Sonnenlicht verschmilzt, so verschmilzt das Wesen des Kindes mit der äußeren Welt. Diesen Vorgang können wir bildhaft mit einer Zeichnung verdeutlichen.

Auge — Gegenstand, Blume

Der Gegenstand wirkt unmittelbar auf das Sinnesleben des Kindes

Welche Bedeutung besitzt nun dieses unmittelbare, schrankenlose Wirkungsfeld von Außen- und Innenwelt für die Entwicklung? In diesem Lebensjahrsiebt schwingt ein unendlicher Klang im Willen, der weder einen Anfang noch ein Ende besitzt. Die Willenskräfte arbeiten auf geistige Weise unberührt und rein über der zarten Kinderseele. Das kann man an den ersten unbeholfenen Bewegungen sehen, die aus einem rein vitalen Stoffwechsel entspringen und sich allmählich ganz dem übergeordneten Funktionssystem des Gehirns und der Nervenbahnen annähern. Mit der Entfaltung des vitalen Stoffwechsels zu einer ersten Form und Formstruktur gliedert sich erst die vollkommen undifferenzierte und zentrale Anlage des Nervensystems und Gehirns. Mit der Anlage des Gehirns entsteht – bitte stören Sie sich nicht an dem Begriff – die Urbildekraft oder die Urformkraft in der organischen Anlage. Dieser Begriff wird einfach von mir gewählt, um einen geistigen Tatbestand zu formulieren. Er wird vermutlich in diesem Zusammenhang nicht in einem Lexikon zu finden sein. Es ist eine Anlage in den Organen, die sich so tiefgründig und bleibend in das Innere des Kindes hineinprägt, dass sie nur unter schwierigsten Bemühungen in späteren Jahren korrigierbar ist. Man könnte vielleicht annähernd diese Urbildekraft noch mit einer inneren Kraft der Erde, und hier in diesem Sinne, mit dem Körper in seinem Urelement vergleichen. Die Urbildekraft ist auch wie die innerste Formstruktur eines Minerals. Diese Formfestigkeit oder innerste Urformation bildet die tragende Basis für das spätere Leben und Bewusstsein.

Es ist eine der größten Katastrophen mit unendlichen Folgewirkungen für die Zukunft und Menschheitsentwicklung, dass gerade in diesem ersten Lebensjahrsiebt die Kinder einer nervlichen Überlastung und einer zu emotionalen oder intellektuellen Erziehung ausgesetzt sind, die sie in ihrer Uranlage und Formstruktur des zentralen Nervensystems schon so weit schwächen, dass sie später keine klare und gediegene Haltung mehr hervorbringen können. Es besteht ein wesentlicher Zusammenhang zwischen dem ersten Lebensjahrsiebt in seiner günstigen Ausgestaltung und der späteren, innersten Aufrichtigkeit und Festigkeit in der Haltung. Wie anmutig, erfrischend und befreiend wirkt jene Geste der Begrüßung, die bei uns im Westen durch den sicheren Händedruck und gefestigten Blick zueinander erscheint. Wie heilsam, stärkend und das Zueinander fördernd wirkt jene menschliche Seele, die die Wahrheitsrede mit einer klaren Haltung und einer natürlichen Sicherheit nach außen vertritt. Wie anziehend äußert sich eine sichere und selbständige, wie auch einfache und natürliche, dem Leben entgegenkommende, praktische Handlungsweise. Diese Eigenschaften kann man in späteren Jahren nicht mehr leicht erlangen, denn sie bedürfen der organischen Festigkeit und der innersten Substanz im Nervensystem. Aus diesem Grunde ist das erste Lebensjahrsiebt für die Erziehung sehr wichtig und bedarf der weiteren Aufmerksamkeit.

VIII

Diese Beobachtungen sind aus einem geistigen Schauen oder aus einer tiefen Imagination zu den geistigen Zusammenhängen gewonnen. Die imaginativen Gedanken in diesen Vorträgen werden in einer systematischen Folge geäußert, so dass der Zuhörer diesen Weg zu den geistigen Gesetzmäßigkeiten in der Aufmerksamkeit, im Gewahrsein und schließlich in der Erkenntnisentwicklung nachvollziehen lernt. Eine Schwierigkeit hierfür stellt die heute vorherrschende Intellektualität unserer Beobachtungen dar, die uns hindert, bis zur Materie und ihrer inneliegenden Logik vorzustoßen oder, wie der Philosoph Kant es formuliert hat, das »Ding an sich« wirklich zu berühren. Unsere pädagogischen Modelle und psychologischen Formulierungen sind realitätsfremd und somit aus der Wirklichkeit des Gesamtzusammenhangs mit dem innersten Sein herausgelöst.

So stellt sich aber die wichtige und praktische Frage, wie der Erzieher die innerste Urbildekraft und die innerste Formstruktur in den Organen festigt und damit eine gute und gesunde Basis für das spätere Leben vorbereitet. Auf welche psychischen Bereiche müssen die Eltern achten, um das Kind in der Reinheit des Willens so weit wie möglich zu fördern und die Anlage des Nervensystems wie auch des Gehirns in der gediegenen Festigkeit zu unterstützen? Diese Frage wird in der Beantwortung einfach, wenn wir uns das Wesen und Empfinden des Kindes noch einmal bewusst machen. Wir wirken mit unserer Person unmittelbar und direkt auf die zarte, ungeschützte Kinderseele. Das Kind nimmt uns als Erzieher unmittelbar in seine eigene Welt auf. So nimmt das Kind unsere Ängste auf, es nimmt unsere Charakterstruktur unbewusst in sich hinein, es nimmt unsere Ausstrahlung und unsere Gedanken verborgen und ungesehen mit in die Organe hinein, und so gestaltet sich die kindliche Anlage aus. Aber nicht nur uns als Erzieher nimmt das Wesen des Kindes auf, alle anderen Kräfte, die im Kinderzimmer, im Haus, Hof, Heim und auf den Urlaubsfahrten wirken, werden zu einem gewissen Grade Teil der Innenwelt im jungen Organismus. Aus diesen Gründen bedarf es einer großen Sorgfalt in der Gestaltung der Umgebung. Hier wird es sehr wichtig, Menschenmassen sowie Lärm und Unruhe von den Kinderseelen fernzuhalten, und es ist auch wichtig, Radio und Fernsehen von dem ungeschützten und offenliegenden Nervensystem der Kinder rigoros zu distanzieren.

Sogleich wird damit das zentrale Problem unserer eigenen Haltung deutlich. Wie sollen wir von den Kindern einen Fernseher mit seinen ständig aufreizenden, werbenden und berauschenden Projektionen fernhalten, wenn wir selbst von diesem abhängig sind? Wie ist es möglich, eine wirklich kinderfreundliche und reine Umgebung zu schaffen, wenn unser Nervensystem hoffnungslos überreizt und unser Innenleben durch tausendfältige Eindrücke erschöpft ist? Die Kindererziehung beginnt in erster Linie bei uns selbst. Die Selbsterziehung ist nicht nur auf das Lesen von pädagogischen Büchern bezogen und sie ist auch nicht nur auf den Versuch eines Bessermachens von Kleinigkeiten ausgerichtet. Sie muss, um der Verantwortung gerecht zu werden, eine kraftvolle, zielstrebige, unermüdliche und weise Bemühung um Vollkommenheit im Charakter, um Reinheit im Gedanken, um Strahlkraft in der Persönlichkeit und um Liebe zu Gott und allen Menschen und Wesen in dieser Schöpfung sein.

Viele aber werden diesen Inhalten widersprechen und werden sie als realitätsfremd etwa mit den Worten zurückweisen: »Hier wird uns gesagt, dass wir als Eltern und so bemühte Erzieher nicht fähig sind, unsere Kinder zu erziehen.« Wenn man auf diese Weise denkt und sich somit auf den kleinlichen Standpunkt der Subjektivität zurückzieht, leugnet man den wichtigsten und den zentralen Sinn des Menschseins. Und das ist die unendliche Bemühung um die höchste Reife, um das Heil der Seele und um den Sinn des Lebens. Man würde die Schöpferkraft, die immerfort nach Gott strebt, verneinen.

Ein weiterer, praktischer Zusammenhang zu der innersten Haltung, zu der Aufrichtigkeit und der Bedeutung der organischen, festen Nervenstruktur ist vielleicht jetzt an dieser Stelle etwas schwierig zu erfassen. Denken wir uns aber wieder in die innere Situation des Kindes hinein und erfühlen wir, wie unsere oder vielleicht auch andere Personen auf das Kind wirken. Es ist eine nahezu gewöhnliche Tatsache geworden, dass wir selbst aus einer gefühlsmäßigen Bindung heraus unsere Kinder zu unserem hauptsächlichen Lebensinhalt benötigen. Wir schaffen unbewusst aus Mangel an Einsicht in die Weltenzusammenhänge und aus Mangel an wirklich gelebter Religion eine Abhängigkeit zu jenen, die uns anvertraut sind. Eine natürliche Gefühlsbeziehung zu den jungen, engelhaften Kinderwesen ist wichtig und in jedem Falle der Natur entsprechend. Wo aber liegt die Grenze zur ungesunden psychischen Abhängigkeit? Sie entsteht immer dann, wenn wir kein größeres Ziel haben, als es die vergängliche Erscheinungswelt innerhalb der Grenze von Geburt und Tod gewährt. Wir schaffen unbewusst eine ungesunde Abhängigkeit und eine nahezu unauslöschbare Symbiose zu unseren Kindern durch die fehlende Zielsetzung zu jenem größeren Ziel und Ideal, das die sterblichen Sinne übersteigt. Die Gedanken können nicht wirklich frei, unbefangen und ohne Angst auf die zarte, heranwachsende Seele wirken. Unbewusst strömt eine Angst auf die Kinder hinüber, wenn von uns Eltern die Zielsetzung an ein größeres Ideal fehlt.

IX

Die lebenspendende Aufrichtigkeit, die aus der Gesundheit der inneren Organe und aus der Festigkeit des Gehirns hervorgeht, erhalten die Kinder durch unsere persönliche Autorität und durch unser inneres wie äußeres Vorbild. Der Unterschied ist sehr gravierend, ob wir uns in einem unabhängigen, freien Zustand befinden und die Kinder dadurch nicht für uns als einzigen Lebensinhalt benötigen oder ob wir sie brauchen. Je klarer und geordneter unser Pflichtbewusstsein zu einem größeren Ziel des Lebens ist, desto umfassender ist uns eine freie und reine Liebe zu den Kindern möglich. Die Unabhängigkeit und Aufrichtigkeit erhalten wir durch die Gnade Gottes. Sie wird uns zuteil. Würden wir die Autorität bei uns selbst nach eigener Wahl bestimmen können, so würden wir nur autoritär sein oder in einer äußeren Dominanz leben. Aus diesem Grunde ist es wichtig, dass wir als Erzieher das hohe Ziel der göttlichen Gnade in Aufrichtigkeit und kontinuierlicher Suche anstreben. Wir können niemals das wirkliche Vorbild und die wirkliche Autorität ohne jenen außerirdischen Zustrom von Gnade erlangen.

Aber, werden viele Eltern hier einwenden, unsere Kinder gedeihen gut und gesund, obwohl kein religiöses Suchen bewusst stattfindet. Es ist schön, wenn die Kinder gedeihen und Gesundheit ausstrahlen. Für die Zukunft wird es aber für eine immer größere Anzahl von Eltern wichtig werden, ein größeres Ziel als den irdischen Wohlstand und das glückliche Zuhause anzustreben. Anders werden sie nicht wirklich den Weg der Freiheit für die Kinder eröffnen. Die Gegenwart und vor allem auch die kommende Zeit benötigt immer mehr die realistische Zielsetzung eines transzendenten, hohen Ideals, das durch Selbstverwirklichung und religiöse Verwirklichung tatkräftig umgesetzt wird.

Betrachten wir die Urbildekraft in einer ganz konkreten praktischen Anschauung. Früher existierte ein relativ natürliches Bewusstsein gegenüber dem Tod und auch gegenüber dem Phänomen des Leidens. Die Ahnen, wie beispielsweise unsere Großväter, konnten ohne größere Besorgnisse noch leichter die schwierigen, scheinbar dem Leben so entgegengesetzten Realitätsebenen hinnehmen. Warum ist das heute nicht mehr gegeben? Der Grund hierfür lässt sich durchaus recht pauschal und einfach anführen. Wir beten nicht mehr Gott an, sondern ein rein materielles Ziel, ein Wohlgefühl im Irdischen, ein bestmögliches, erfolgreiches Leben oder ein gefühlsmäßiges Ideal. Das transzendente, hohe und heilige Geheimnis, das in jeder Menschenseele ruht und einer unsterblichen Dimension angehört und das wir allgemein als ein ewiges Liebesideal in größter Größe verehren, existiert für unser Bewusstsein nicht mehr wirklich. Je mehr dieses Ziel aus den Augen verloren wird, um so mehr nehmen Versuchungen und undefinierbare Abhängigkeiten zu. Es ist wahrhaftig eine Schwäche in der innersten Organstruktur und Formgestaltung, die die Gemüter der Erwachsenen heute auf ihr eigenes Leben zurückwirft und eine mehr oder weniger bewusste Angst vor dem Tode erzeugt. Diese Angst vor dem Tode äußert sich vielleicht in jenen Projektionen und Gefühlen, die wir anderen entgegenbringen, und sie äußert sich vor allem auch in einer Überbetonung der eigenen Gesundheit. Normalerweise sollte die Pflicht höher stehen als die Gesundheit. Heute aber nimmt die Gesundheit und die Vorstellung von ihrem Wert den ersten Rang ein und dann erst stellt sich die Frage nach der Pflicht im Leben. Durch dieses Gefühlsempfinden und durch die Wertverlagerungen entstehen unüberschaubare Schwierigkeiten für die Zukunft. Wir Menschen müssen wieder in der innersten persönlichen und reinen Kraft wachsen, damit unsere Liebe eine viel größere, weitere und freiere wird und damit wir unseren uns anvertrauten Zöglingen in einer wahrhaftigen Liebe entgegenkommen.

Die Urbildekraft, die bei Kindern im ersten Lebensjahrsiebt gedeiht, ist für später die innerste Substanz der Persönlichkeit. Sie ist eine außerordentlich reine Kraft, die kaum ihresgleichen findet. Sie schenkt dem Leben eine Heiterkeit von innen heraus und ein tiefes Gefühl der Geborgenheit und des Beheimatetseins. Sie schenkt gleichzeitig ein ganz tiefes Vertrauen zu der Erde und zu den transzendenten, höheren und höchsten Idealen. Aufrichtigkeit, Wahrheitsliebe, Stärke in der Haltung, ein Bewusstsein der Versöhnlichkeit und ein Freisein von Ängsten und auch von der Angst vor dem Tod sind das Ergebnis einer reinen Erziehung durch eine klare elterliche Haltung.

X

Ein Kind lernt in den ersten Lebensjahren unmittelbar und direkt von der Außenwelt durch Beobachtung und ein gebärdendes, nachahmendes Probieren. So lernt das Kind durch unermüdliche Willensversuche die verschiedensten Bewegungen und es lernt durch die unmittelbar nachahmende Beobachtung die Sprache. Hier in diesem Lebensjahrsiebt sollte man ein Kind möglichst wenig mit Lehrformeln überfordern. Es ist ideal, wenn der junge Bürger dieser Erde sich an den hingebungsvollen Eltern ganz frei orientieren kann und so die Sprache und die nötigen Verrichtungen lernt.

Dieses Lernen geschieht durch ein probierendes Annehmen und ein körpereigenes, autonomes Gestalten. Das Kind nimmt unmittelbar das Wesen seiner Umgebung auf, welches sich immer über einige Tage und Nächte hinweg ausgestaltet und dann seinen Ausdruck mit dem Körper vielleicht in einem ersten Sprechen oder einer nachahmenden Gebärde findet.

Die Gefahr in diesem Lebensabschnitt ist wohl dann am größten, wenn der junge, sensitive Erdenbürger durch zu direkte Versuche im Sinne von Lehren frühzeitig überfordert wird. Die Organe müssen ganz aus sich selbst heraus in ihrer Formgestalt durch ein gebärdendes, nachahmendes und nach innen ausgestaltendes Aktivsein des Willens in der Formstruktur wachsen.

Nehmen wir aber noch ein anderes praktisches Beispiel, wie eine Überforderung in diesem Lebensjahrsiebt eintritt. Ein Kind benötigt unbedingt eine einfache, ruhige Umgebung und muss vor vielen Wechselverhältnissen, Unruhe, Lärm und nervenaufreizenden Abendaktivitäten möglichst gut behütet werden. Der Fernseher ist in jedem Falle schädlich, denn er spiegelt der zarten Kinderseele eine Realität vor, selbst auch mit relativ guten Filmen, die nicht wirklich im Innern eingegliedert werden kann. Die Kinder benötigen auch einfaches Spielzeug, das einen Raum zur Phantasiebildung und ersten Werktätigkeit ermöglicht. Fertigspielprodukte wie beispielsweise eine Modelleisenbahn gewähren nicht mehr den produktiven, einfachen Raum. Die meisten Spielsachen sind schon vom Gedanken her zu kompliziert. Der Sandhaufen mit einigen wenigen ganz einfachen, vielleicht selbstgebastelten Werkzeugen gibt der Kinderseele einen natürlichen Raum. Oder eine einfache, selbstgemachte Stoffpuppe, die in der Formgestalt noch gar nicht richtig ausgearbeitet ist, aus einfachen Schnüren und Wollknäueln, ermöglicht die Entfaltung der Phantasie und ein ganz anderes, geschmeidiges Aktivsein. Dies kann an einer einfachen Tafelzeichnung einmal verdeutlicht werden.

Blume   Schaufel   Spielauto   Fernsehen

Je komplizierter die Spielsachen werden, desto mehr belasten sie das Wesensglied und rauben die Phantasie des sich entfaltenden Willens.

Je komplizierter und ausgereifter die Spielwaren sind, um so mehr rauben sie den aktiven, schöpferisch-willentlichen oder werkschaffenden Sinn und belasten damit die Organe in ihrem reinen Wachstum.

Eine weitere Belastung, die an die jungen Kinderseelen sehr leicht heranrückt, entsteht durch die Gestaltung der Kinderzimmer oder allgemein durch das vielseitige Angebot von sogenannten kinderfreundlichen Materialien und Projekten. Es ist damit aber nicht gemeint, dass jetzt der Spielplatz in der Parkstraße verurteilt werden soll. Es ist ein ganz anderer Gedanke, der mit den vielen Angeboten der Gegenwart mitschwingt. Unsere Welt ist in der Vermarktung und in der Expansion von möglichst vielen Angeboten meisterhaft. Überall leben die materiellen Interessen und drängen uns ihre Vorschläge auf. Je mehr wir aber Gegenstände nehmen, um die Kinder zufriedenzustellen, und sie mit Spielsachen überhäufen, desto mehr fördern wir geradewegs eine belastende Tatsache. Die Kinder spüren die Überforderung zwar nicht bewusst, aber dennoch in der Tiefe ihrer Seele. Die Gedanken der materiellen Konsumorientierung, die in den Kinderspielsachen verborgen mitschwingen, belasten in Wirklichkeit das Nervensystem. Indem wir uns bemühen, eine einfache, nicht beladene Spielwelt für das Kind zu ermöglichen und uns selbst etwas Zeit gönnen zu einem einfachen, werkschaffenden Spiel, tun wir ihnen den größten Gefallen. Vielleicht mögen sich die Kinder beklagen, wenn sie am Spielwarengeschäft vorbeigehen müssen. Unauslöschbar wird es ihnen aber in ihren späteren Jahren im Gemüte zugute kommen.

Die Bedeutung des Spieles für die Entwicklung der Kinderseele wird von diesem Standpunkt aus bereits begreifbar. Das Spiel hat zwar mehrere weitere Bedeutungsinhalte, aber ein Hauptpunkt erscheint nun verständlich: Jenes Kennenlernen der Materie und jenes Hineinfinden mit den Sinnen in die Welt der Materie ist einer der wichtigsten Lernschritte in dieser noch subjektiven, unbewussten Zeitphase des ersten Lebensjahrsiebtes. Im Spiel benötigen die Kinder eine bestmögliche, einfache, praktische Realitäts- oder Sachbeziehung. Alle komplizierten und zu stark differenzierten und spezialisierten Mechanismen der Außenwelt wirken auf die Kinderseele belastend. Mit den komplizierten Dingen unserer Zeit zerstören sich die feinsten Bausteine in der Nervensubstanz und der Gehirnbildung, und die Kinder werden später schwächer. So ist es vorteilhaft, den jungen, sich noch ganz im instinktiven Spiel befindenden Kindern von der Umgebung, den Spielsachen und Spielarten wie auch von unserer Art der Hinwendung und Aufmerksamkeit eine möglichst nahe, einfache und solide Beziehungsaufnahme für das Erfühlen der Materie zu ermöglichen.

XI

Für diese heutigen Ausführungen sollen noch einige wenige medizinische Zusammenhänge in das Licht der Betrachtung rücken. Diese können, um den Rahmen des Themas nicht zu sprengen, nur sehr kurz und stichpunktartig gegeben werden. Die Poliomyelitis, die klassische Kinderlähmung, tritt heute wegen der überall bekannten Schluckimpfung kaum mehr auf. Sie ist eine Krankheit mit Lähmungen, die zu einem mehr oder weniger intensiven Behinderungsstadium führt. Die Medizin spricht von einem paralytischen Syndrom, das, ganz einfach gesagt, so viel heißt wie Zersetzung des Nervensystems. Das paralytische Syndrom aus dem Zentralnervensystem bewirkt zuerst schlaffe Lähmungen, die dann meistens in ein fixes Stadium übergehen. Diese gefürchtete Virusinfektion des Nervensystems ist aber heute kaum mehr anzutreffen. Heute erscheinen andere, jedoch äquivalente Krankheiten des Nervensystems. Diese Krankheiten sind die sogenannten Psychosen oder diejenigen Krankheiten, die man als typische Geisteskrankheiten bezeichnet.

Wohl hat es diese Krankheiten schon immer gegeben, aber heute sind sie sehr viel häufiger geworden und sie stehen mit der Poliomyelitis auch in Zusammenhang, da sie eine ganz ähnliche Ursache haben wie diese. Bei der Kinderlähmung besteht eine Schwäche in den Organen, die meist den sie überfordernden Nerveneinflüssen nicht mehr standhalten können. Ein Virus dringt in das Verdauungssystem ein und wird vom Immunsystem und von der Organstoffwechselkraft nicht mehr bewältigt, so dass er den Weg in das Nervensystem hineinfindet. Wenn er einmal in das Nervensystem eingedrungen ist, bewirkt er paralytische Erscheinungen mit den schwerwiegenden Funktionsausfällen in den motorischen und sensiblen Nervenbahnen. Zwar dringt bei der heute so häufigen und zunehmend häufiger werdenden Krankheit, die wir als

Psychose benennen, kein nachweisbarer Virus in das Nervensystem ein; der Weg beginnt aber ebenfalls im Verdauungssystem, das schwächer wird und aus bestimmten Bereichen der Organe keine wirklich gediegene Form behalten kann. Bestimmte Organe wie die Leber, die Lunge oder auch die Milz sind in dem ersten Lebensjahrsiebt in der Formstruktur nicht ganz entfaltet worden. Dadurch können sie den ankommenden Nervenimpulsen nicht mehr standhalten und reagieren mit einem krankmachenden Einfluss auf die Eiweißbildung. In letzter Konsequenz ist, ähnlich wie bei der Kinderlähmung, die Gehirnanlage betroffen, und es kommt zum psychotischen Syndrom.

Das beste Mittel, dieser Art von Krankheiten vorzubeugen, die allgemein dann in späteren Jahren sehr schwer therapierbar sind, ist die gediegene, natürliche und klare Erziehung, die die Kinder vor Überforderungen bewahrt und die aus einem natürlichen, fürsorglichen, geordneten und einfachen Beziehungsfeld zwischen Eltern und Kindern hervorgeht. Eine gute Ernährung mit möglichst wenig Kristallzucker und möglichst wenig synthetischen Stoffen hilft zur natürlichen Bildung der Organstrukturen. Die Kinder sollten gutes Gemüse, einfaches, leicht verdauliches Getreide und Milch bekommen. Die Ernährung wäre aber hier ein eigenes Thema. Hier muss ich auf die hervorragenden Bücher von Udo Renzenbrink verweisen.

Für die Eltern ist es sicherlich eine ganz schwierige Aufgabe, die Kinder mit Verantwortung und solider gesundheitlicher Hygiene in das Leben hineinzuführen. Es stellen sich Fragen bezüglich der Impfungen. Bewirken diese Impfungen einen wirklichen Vorteil für die gesundheitliche Vorsorge, und ermöglichen sie dem natürlichen Wachstum den nötigen Willensraum? Diese Frage kann hier in einem Erziehungskurs nicht ganz zur Beantwortung kommen. Denn es ist die Frage, ob es besser ist, in Ängsten vor den schlimmen Infektionskrankheiten zu leben oder die Kinder dem Impfschutz zu übergeben. Damit verbunden ist eine Verantwortung, die wir nur selbst übernehmen können; eine uns zufriedenstellende Antwort wird nur aus einem sicheren Verständnis und einem reifen Lebensgefühl erwachsen. Grundsätzlich ist es vorteilhaft, wenn die Kinder sich mit den Krankheiten auseinandersetzen müssen, ihr Immunsystem ausprägen und somit im inneren Organsystem aktiv erkraften. Jede Krankheit, die der kindliche Organismus bewältigt, dies ist vor allem auf die fieberhaften Infektionen bezogen, steigert die Willenskraft und die Stoffwechselstärke. Das Fieber ist eine ganz wichtige Erscheinung, die möglichst wenig zur Unterdrückung kommen sollte. Vierzig Grad Fieber ist bei einem kleinen Kind, das einen Infekt hat, nichts Besonderes und auch nicht unbedingt gefährlich. Deshalb ist es ganz wichtig, dass die ärztlichen Behandlungsmaßnahmen nicht zur Symptomunterdrückung, Entzündungshemmung und Fiebersenkung eingesetzt werden, sondern den kindlichen Organismus so gut wie möglich in der Immunabwehr und Ausscheidung unterstützen.

Die wenigen medizinischen Angaben sind hier sehr allgemein gehalten und dienen nur als Anregung zu weiteren Überlegungen. Für diesen Lebensabschnitt ist es der wesentlichste Kernpunkt der Erziehung, dass wir jene verborgene Willenskraft, die sich auf geheimnisvolle, schöpferische Weise entfaltet, zulassen. Unsere Erziehung ist dann sowohl eine reine Führung als auch ein reines, eher passives Zur-Verfügung-Stehen sowie ein selbstverständliches Da-Sein. Dieses Da-Sein gibt den Kindern eine natürliche Geborgenheit. Wir sollten uns vergegenwärtigen, dass das untrügliche Zeichen für unsere gesamte Erziehung bei uns selbst, in der Reinheit unserer Persönlichkeit und Wärme unserer Autorität lebt.

Die Erziehung zu Freiheit und das Wirken von Engelskräften in den ersten beiden Lebensjahrsiebten

Vortrag in Bad Häring, 16. November 1996

I

Noch einmal soll zu Beginn dieser Ausführungen anhand eines praktischen Beispiels die Bedeutung der religiösen Zielsetzung im Verhältnis zur Erziehung ein Licht erhalten. Das Ideal der Religion muss die Dualitäten übersteigen, es muss größer sein als moralische Leitsätze, theoretische Interpretationen und ein Denken, das einteilt in Gut und Böse. Je größer das Ideal in der Religion erschaut und je mehr es als eine transzendente Wirklichkeit erkannt und erfahren wird, desto leichter wird eine Erziehungsgrundlage in Freiheit ermöglicht. Warum ist das so? Der Begriff Freiheit darf nicht im profanen Sinne verstanden werden als ein bestimmtes Gewährenlassen eines ungezügelt freien Willens, den man dem Kinde als eigenständige Persönlichkeit zugesteht. Freiheit darf sich auch nicht auf autoritärer Bestimmtheit oder auf antiautoritärer Freizügigkeit erbauen. Freiheit ist weit mehr als nur ein menschliches Zeugnis. Freiheit ist die unmittelbare Kraft der Persönlichkeit und ist das Ergebnis der höchsten menschlichen Qualitäten, die sich im Innersten der Seele und in der Einzigartigkeit eines universalen Bewusstseins äußert. Freiheit ist in Wirklichkeit eine höchste Liebe, und sie bedeutet im wahrsten Sinne eine Fülle an Kraft und ein vollkommenes Vertrauen in das schöpferische Leben. In der Freiheit existieren keine kleinlichen Ängste und keine heimlichen Begierden sowie auch keine eitlen und versteckten Bedürfnisse nach Anerkennung von den zu Erziehenden.

Die Frage, wie man mit einem Kinde umgeht, wenn dieses in seiner Naivität eine Tat begeht, wie beispielsweise einem Käfer die Flügel auszureißen, klärt sich dann von alleine. Die notwendige Handlung in der Erziehung und Führung ist denkbar einfach. Man wird konsequenterweise das Kind beiseite nehmen und ihm ohne lange Erklärung die Möglichkeit zur weiteren Tat rauben. Vielleicht spricht man in klaren, bestimmten Worten ein striktes Verbot aus. »Das darfst du nicht!« wäre hier eine klare

Anweisung. Weitere langatmige Erklärungen, die heutzutage gerne von seiten der Eltern über die ethisch-moralische Seite einer solchen Tat erfolgen, erweisen sich als überflüssig und wirken sogar beeinträchtigend und lähmend auf die natürliche Willensentfaltung beim Kinde. Ein Kind kann den ethisch-moralischen Gesichtspunkt noch nicht verstehen, da es noch nicht die Bewusstseinskräfte und die reale Vorstellung über die Außenwelt besitzt. Aus diesem Grunde wirkt die Vorgehensweise einer traditionelleren Erziehung, die nicht viele Worte verliert, sondern durch klare Ordnung, Bestimmtheit und Handlung zu Einordnung führt, heilsamer als jene erklärende und zu früh verobjektivierende Vorgehensweise der neueren Zeit. Die strikte und klare Bestimmtheit prägt eine Kompaktheit im Gehirn aus und führt zu einem wirklichen, freien Moralgefühl für später, während alle zu frühen Erklärungsversuche unangebracht sind und in Wirklichkeit das Nervensystem in der Formanlage schwächen.

Damit diese klare Bestimmtheit, Führung und solide Einordnung für den kindlichen Organismus, der sich mit einem ersten Experimentieren und suchenden Tasten in die Materie hineinbewegt, gewährleistet ist, bedarf es einer Grundfreiheit im eigenen Wesen des Erziehers. Man glaubt heute leider, dass man mit konsequenten und bestimmenden Handlungen dem Kinde im innersten Gemüte einen Schaden zufügt, und möchte deshalb auf weichere und verständnisvollere Art eine »demokratische« Erziehungsmethode anwenden. Die klare Führung und selbstverständliche Einordnung finden die Kinder dann am leichtesten, wenn die Eltern jene Unterscheidung über die vergängliche und unvergängliche Welt durch eine transzendente, religiöse Vorstellung besitzen. Nur dann kann der Wert der natürlichen Handlung, die erst eine reine Führung und Ordnung in der Familie gibt, geschätzt werden. Die Eltern wissen dann, dass die Erziehung im ersten Lebensjahrsiebt eine notwendige Willensbestimmtheit erfordert und dass diese Willensbestimmtheit in sich selbst frei ist. Die Liebe zu den Kindern bedarf des Mutes und manchmal auch einer Strenge. Wahre Liebe ist nicht von der Bestimmtheit einer Handlung abhängig. Sie führt im richtigen Sinne gehandhabt zu einer Klarheit im Gewissen des Heranwachsenden und schenkt auch eine Festigkeit im Temperament.

Die große Dramatik unserer Erziehungssysteme liegt in der Versuchung zu glauben, alles recht und gut machen zu müssen. Deshalb denken wir nur noch an die Methoden und an die erklärenden Worte, suchen nach neuen psychologischen Modellen und pädagogischen Formulierungen und müssen doch hilflos zusehen, wie die Kinder immer mehr der Kriminalität und der Schwäche des Drogenkonsums verfallen. Nicht die Methode oder die Geschicklichkeit in der Pädagogik, sondern unser Vorbild und die Strahlkraft unserer Persönlichkeit bewahrt die Kinder vor einem unglücklichen Leben.

II

Mit dem Studium der Erziehung wollen wir uns einmal auf lebendige, möglichst unmittelbare und tiefgründige Weise in das Fühlen, Wahrnehmen und Erleben der ersten drei Lebensjahrsiebte hineinversetzen. Hierzu erscheint es günstig, einmal auf eine Stelle des Matthäusevangeliums (Mt 18,1-11) hinzuweisen. Die Menschen früher hatten einen ganz tiefen Sinn für das Wirken geistiger Kräfte in der Schöpfung, die man mehr als elementare Wesenskräfte bezeichnen kann, und für das Wirken von Engelskräften, die ganz besonders bei den Kindern sichtbar sind. So erzählt uns das Evangelium eine für diese Zeit keine so große Besonderheit über die Engel, die »allezeit bei den Kleinen das Angesicht des Vaters in den Himmeln schauen.« Diese Stelle bedarf heute in unserer intellektuellen und somit nicht mehr wirklich sehenden und verstehenden Zeit einer Erklärung. Wie wirken die Engelwesen an der Gestaltung und Formung der kindlichen Anlage? Welche Aufgabe übernehmen sie, und wie erhalten wir heute in unserer Zeit der spirituellen Dunkelheit eine reale Anschauung über dieses geheimnisvolle Geschehen?

Bei einem Kinde wirken hohe und höchste Engelskräfte, denn es verfügt noch nicht über die Bewusstseinskraft der Individualität und kennt noch keine wirklich sexuelle Begierde. Das Kind kennt auch noch nicht den Materialismus und kann infolgedessen nicht materiell denken. Freilich ist es von einer Triebkraft und einem subjektiven Wollen gedrängt und bewegt, aber diese Art des Begehrens ist ein lebensnotwendiges Bedürfnis und eine reine Willensäußerung, unabhängig von Gut und Böse. Der kleine Erdenbürger kann in seiner Wirklichkeit nicht tatsächlich eine böse Absicht hervorbringen. All jenes, das wir als unmoralisch und böse bezeichnen, ist das Ergebnis von Einflusskräften, die erst im Laufe der Jahre von außen vom Kinde Besitz ergreifen. Diese Einflusskräfte ergreifen zwar schon sehr früh den kindlichen Organismus, aber sie nehmen erstmals Gestalt an in der Zeit, die man als die Zeit der ersten Erinnerung und Erinnerungsbildung im Kinde konstatiert. So ist das Leben des Kindes rein. Dieses reine Leben im Werden zu einer Persönlichkeit ist von den Engeln des Himmels geleitet, und zwar von jenen, die sehr hohen Hierarchien angehören. Jedoch ist dieses Leben unbewusst und frei von den Zugriffen des persönlichen Willens. Das Kind lebt in der Engelswelt und ist sich doch dieses einzigartigen, reinen Geschehens selbst nicht bewusst. Es fühlt sich noch nicht wie ein typischer Erdenbürger und es fühlt in der Welt auch noch nicht wirklich eine reale Begrenztheit. Obwohl der Körper von manchen Schmerzen wie Bauchschmerzen oder, nehmen wir an, einer Verletzung ergriffen wird, ist dennoch im Kinde ein körperfreies Empfinden angelegt. Dadurch kennt das Kind in den frühen Jahren noch nicht wirklich die Angst, einmal sterben zu müssen, und es besitzt noch nicht eine Vorstellung über das Heil oder Unheil, das im Körper selbst real besteht. Engelskräfte, wahrhaftige, unsichtbare, höchste, himmlische Wesen arbeiten am Organismus und erschaffen eine Formstruktur sowie eine erste Bewegungsorientierung durch ihre unmittelbare Einflusskraft und Weisheit. Diese Reinheit und Engelsgleichheit der Kinder hat man früher noch empfunden.

Die Erziehungskunst in den Ausführungen, wie sie hier von mir gegeben werden, beschränkt sich auf zwei wesentliche Aspekte: Es sollte die kindliche Engelsreinheit, die eine Reinheit in der Seele, im Gemüte, im Fühlen und Willen darstellt, möglichst unangetastet bewahrt bleiben, und gleichzeitig sollte eine möglichst umfassende Beziehung zur Realität gefördert werden, indem durch die Erziehung ein Lernpensum gestellt wird, das auf die notwendigen Forderungen unserer Zeit bezogen ist. Beide Bereiche, jener der Unberührtheit und Reinheit in der Seele und jener der praktischen Lebensintegration und Vorbereitung auf das irdische Leben, scheinen miteinander nicht versöhnbar, sie scheinen einander sogar gänzlich zu widersprechen. In Zusammenhang mit der angegebenen Evangelienstelle soll einmal der Hinweis von mir erfolgen, dass die Ausprägung dieser Reinheit auch später noch möglich wird. Die Synthese beider großer Gegensätze ist im wesentlichen die

Aufgabe der Erziehung und sie ist der Kernpunkt der spirituellen Schulung. Eine wahrhaftig spirituelle Schulung richtet sich aus dem Geiste und aus der Lebendigkeit der Worte so unmittelbar und direkt an die Seele der Menschen, und eine geistige Schulung richtet sich immer an Erwachsene, so dass sie durch eine geheimnisvolle Substanzerkraftung und Substanzveränderung in der in ihren kindlich verbliebenen und verborgenen Reinheit auf neue Weise erkraften. Je intensiver eine Schulung stattfindet und je mehr sie bei einem Schüler Gestalt annimmt, um so mehr kommen jene Engelwesen und reinen Kräfte erneut zum Aufblühen, die schon längst durch die herrschende Bezugslosigkeit und den Intellektualismus unserer Zeit verschüttet waren. Bei einem Schüler, der in diesem Sinne in der Seele erkraftet, steigen erneut die Engelwesen auf und nieder. Es ist dies aber nur ein partielles Erkraften, da die ursprüngliche, kindliche Reinheit nicht mehr erblühen kann (siehe auch Joh 1,51). Dieses Erkraften der reinen Seelenanlage und des engelhaften, unberührten Empfindens trägt im Unterschied zu dem des Kindes dann aber das Zeichen des Selbstbewusstseins.

Kommen wir nun aber zu unserer Fragestellung und zu der bereits begonnenen Betrachtung zurück. In dem ersten Lebensjahrsiebt arbeiten die höchsten Engelskräfte in einer reinen Willensführung, damit die ersten Bewegungen und auch die ersten Sprach- und Konzentrationsversuche in der Geschicklichkeit einer Handlung Gestalt finden. Die ersten Bewegungen, die ein Kind ausführt, sind ja noch völlig ungeformt und sehr ziel- und richtungslos. Im ersten und zweiten Monat etwa beginnt der Säugling den Kopf zu heben. Noch in ganz vorsichtigen und sich dem neuen Willensgefühl anvertrauenden ersten Regungen hebt das Kind den Kopf. Es ist eine Bewegung im unmittelbar sich heranbildenden Willen, und somit ist es eine engelsgleiche Bewegung, die noch ganz frei von einem denkenden Bewusstsein stattfindet. Es ist für den Erzieher eine der intensivsten Seelenübungen, diese ersten Willensregungen in ihrer aushauchenden Gestaltung zu beobachten und darüber zu kontemplieren. Es sieht das Auge dann nahezu schon den Engel, ja eine ganze Heerschar von Engeln, die im tiefsten Inneren zur Bewegung führt. Eine tiefste Achtung vor den weisen schöpferischen Kräften, die wahrhaftig höchste Engelskräfte sind, muss uns bei diesen Beobachtungen im Gemüte durchwärmen, wenn wir von diesem Hintergrund ausgehend die Kontemplation beginnen. Wir erhalten ein immer besseres reales Empfinden für die selige Welt in der Reinheit der Kindernatur. Mit dem Empfinden entwickeln wir schließlich auch ein besseres Verständnis dafür, dass wir durch unsere Pädagogik niemals in das reine Wirken der Engelskräfte eingreifen dürfen. Wir müssen uns hüten vor frühzeitigen Lehrversuchen und wir müssen uns vor allen Dingen gegenüber der Kinderwelt achtsam bewegen.

Dieses reine Wirken der Engelskräfte lässt sich an vielen Beispielen beobachten. Die ersten Ansätze zum Gehen sind beispielhaft für ein wahrhaftig himmlisches Spiel im Irdischen. Der kleine Sprößling zieht sich am Tischbein in die für ihn ja noch unsichere und fremde Standposition und wagt schließlich mit äußerst vorsichtigen und zartesten Ansätzen den freien Schritt in das Gleichgewicht. Das beginnende Gehen ist ein seliges Beginnen und besitzt eine Freude, die nicht vom Fleisch und Blut, sondern ganz von der Hoheit einer Engelsheerschar erwacht. Es ist wie eine Musik, die aus dem Himmel strömt und sich mit ersten zarten Melodien in die irdische Welt hineinfindet.

Das Wirken der Engelsmächte, die an der persönlichen Gestaltung und Entwicklung des menschlichen Erdenbürgers arbeiten, ist von den wesenhaften Wirkungen der Schöpfungsgeister und Elementarkräfte in der Pflanzenwelt, im Naturreich und in der Tierwelt jedoch zu unterscheiden. Man könnte glauben, dass die gleichen Engel auch an der Blume bei Sonnenaufgang arbeiten. Aber dem ist nicht so. Nur an der menschlichen Gestalt, die zur persönlichen Bewusstheit fähig wird, arbeiten jene höchsten Chöre und die edlen Heerscharen der Engel. Forschungen und Untersuchungen über das Tierreich oder über die Naturreiche allgemein führen zur Identifizierung von anderen Wesenssubstanzen und Elementarkräften. Am Tier beispielsweise arbeiten zur Formung und Gestaltung nicht die hohen Engel, sondern elementarische und reine Geister der Schöpfung.

III

Betrachten wir weiterhin eine typische Phase der Seelenentwicklung nunmehr im zweiten Lebensjahrsiebt. Dieses zweite Lebensjahrsiebt trägt die Kennzeichen von einem ersten Wahrnehmen und Beobachten der Außenwelt als eine von der Innenwelt unabhängige Dimension. Erstmals entstehen Gedankengänge über die Objekte und Tatbestände dieser als äußere identifizierbare Erscheinungswelt. Mit dem Erwachen eines noch sehr ungeformten, aber dennoch beginnenden Empfindungslebens für die Tatbestände der Welt beginnt die Schulreife. Mit der Zeit werden die Gedankengänge im Sinne einer Kausalität möglich und schließlich werden sogar, etwa ab dem neunten Lebensjahr, erste abstrakte Gedanken in Unabhängigkeit zu den Objekten geschaffen. Diese Zeit mit dem Beginn der Schulreife ist eine sehr wichtige Lern- und Entwicklungsphase, die sehr tiefe Prägungen in den inneren Empfindungen und Lebensgefühlen hinterlässt. Nehmen wir für unsere Betrachtung wieder ein sehr charakteristisches Beispiel für das Wirken von freien, geistigen Kräften. Diese Kräfte sind wieder hohe Engelwesen, aber sie sind nun etwas andere Engelwesen als im ersten Lebensjahrsiebt.

Damit wir diese Engelskräfte im innersten Werdeprozess des Kindes besser erfühlen und erfahren lernen, ist es hilfreich, noch einmal den Sinn dieses zweiten Lebensjahrsiebtes ganz allgemein zu beschreiben. Etwa mit dem Beginn der Schulreife erwachen ganz neue und andere Einflüsse, die auf sehr reine Weise im Kinde eine lebensseelische Anlage entwickeln. Aus der Saat einer geistigen, übergeordneten Dynamik fließen sehr subtile und einzigartige Substanzen dem jungen Organismus zu, die den Empfindungsbereich tief im Herzen anlegen. Die Bedeutung des zweiten Lebensjahrsiebtes liegt in der harmonischen Entwicklung dieses inneren Empfindungslebens. Die Kräfte, die hier nicht vom Körper ausgehen, sondern von der geistigen, kosmischen Welt dem Körper zuströmen, sind wie ein bewässernder und lebensspendender Tau, der auf feinste Weise die zarte Blüte des kindlichen Organismus benetzt. Im zweiten Lebensjahrsiebt entstehen jene Eigenschaften als seelische Anlage: Spontaneität, ein ästhetisches Lebensgefühl, gutes Gedächtnis, Sinn für Kunst, natürliche Moralität, Geschmeidigkeit und Anpassungsvermögen, Frömmigkeit, religiöses Empfinden und Kraft zum Leben des Glaubens. Ganz besonders entsteht in diesem Lebensjahrsiebt jenes heitere, optimistische Lebensgefühl, das in sich ein Ergebnis des Glaubens und Vertrauens ist. Während sich im ersten Lebensjahrsiebt das Gehirn und die gediegene Ausbildung eines natürlichen Verhältnisses von Gedanken- und Willenskraft entfaltet, formt sich jetzt in diesem Lebensjahrsiebt die innere Mitte in den Seelenkräften aus, und diese ist das Empfindungsleben und das fromme Sich-Einsfühlen im Glauben zur Welt.

Wie entwickelt sich dieses natürliche Empfindungsleben, das einerseits die Gesundheit im Leibe und andererseits die natürliche Gemütshaftigkeit im Leben gewährt? Hier soll der Blick wieder auf das Wirken der geistigen Kräfte, namentlich auf diejenigen Kräfte, die der Engelswelt angehören, gerichtet sein. Diese Übung entspricht einer tiefen Konzentration und Kontemplation auf bestimmte Verhältnisse, die innerhalb der Erziehung ganz besonders in diesem Lebensjahrsiebt auftreten. Betrachten wir einmal die Kinder, wie sie sich zu einem Erwachsenen, einem Lehrer oder einem Onkel hinwenden, wenn sie ihn gerne sehen und schätzen. Sie haben das natürliche Bedürfnis, ihm ein Geschenk zu bereiten, und sie gehen gerne zur Begrüßung oder zum Gespräch auf diesen zu. Die Geste des Zugehens auf den Erwachsenen ist wie ein Sonnenstrahl, der den Raum erhellt. Das Kind mag vielleicht eine Freude finden, wenn es eine Dienstleistung für den Erwachsenen übernehmen kann, wenn es die Tasche für den Lehrer tragen oder dem Vater das Werkzeug halten darf. Die Freundlichkeit des Kindes ist eine wärmende Sympathie und eine erhellende Freude. Warum erscheint diese Geste so angenehm, warmherzig und im Gemüte erhellend? Sie ist wahrhaftig ein lebenentzündendes Zeichen, das durch einen Engel getragen ist. In Wirklichkeit ist sich das Kind seiner innersten Motivation gar nicht bewusst und es denkt auch gar nicht großartig über die Vor- und Nachteile nach. Die Geste ist wohl deshalb auch so sehr sympathisch und liebenswürdig, da sie frei von eitlen oder berechnenden Gedanken ist und ganz im Sinne einer Freude und Bejahung, verbunden mit Anerkennung und Liebe erwacht. Der Engel, der diese Geste führt, ist wie ein Sonnenschein und er legt damit insgeheim einen Schatz in das Empfindungsleben des jungen Erdenbürgers hinein.

Die Kinder sollten innerhalb eines gesunden und vernünftigen Rahmens nicht von diesen sympathischen Gesten abgehalten werden. Man würde ihnen eine große Entwicklungschance rauben, wenn man sie aus modernen psychologischen Gründen von dieser unbewussten Motivation abhalten würde. Mit dieser wichtigen Geste des Auf-die-Erwachsenen-Zugehens entfaltet sich ganz wesentlich eine großartige Substanzkraft in der Seele. Für später entwickelt sich sehr viel leichter diejenige seelische Stärke, die wir allgemein in christlicher Hinsicht als Glaube, Hoffnung und Zuversicht wie auch allgemein als Lebensbejahung benennen.

Durch die Beobachtung dieser Geste, die neben anderen Gesten sehr typisch für das zweite Lebensjahrsiebt ist, entsteht in uns eine Bewusstseinserweiterung und ein Wertempfinden für das Wirken von Kräften, in die wir wiederum nicht eingreifen dürfen. Es ist allgemein günstig, den Kindern einen Raum zu ermöglichen, damit sie ein natürliches und sympathisches Entgegentreten den Erwachsenen gegenüber entfalten können. So schaffen wir die günstigsten Verhältnisse und erfreuen uns der natürlichen Entwicklung, die in die Herzen der Kinder hineinströmt.

IV

Ein drittes Beispiel für die Kontemplation finden wir mehr gegen Ende des zweiten und zu Anfang des dritten Lebensjahrsiebtes. Wie wir schon gesagt haben, sind die Kinder noch in eine natürliche, fromme Hülle gekleidet, in der sie noch keine arglistigen Berechnungen und Machtgefühle leben. Es ist zwar möglich, dass sehr elementare, trotzige Phasen auftreten, dies sogar besonders im ersten Lebensjahrsiebt, und es ist möglich, dass eifersüchtige Gefühle die Kinderseelen ergreifen, aber insgesamt sind sie noch nicht zu vollreifen und bewussten Taten fähig, die wir als materialistisch, böse oder rein egobezogen bezeichnen. Die Kinderwelt ist etwa bis hin zum Erwachen des bewussten Sexualtriebes noch sehr rein. Und selbst auch dann, mit dem Beginn des dritten Lebensjahrsiebtes, lebt bei den meisten noch eine gewisse jugendliche Unbescholtenheit und Unschuld weiter. Wir beobachten gerade dann jene Gesten des Scherzemachens und des sogenannten Auf-den-Arm-Nehmens gegenüber den Lehrern und Erwachsenen. Die Kinder entwickeln ein freches Lausbubendasein oder ein scherzhaftes Ausspielen von jenen Erwachsenen, die sie insgeheim im Herzen lieben. Es macht ihnen Freude, wenn sie den Lehrer in den April schicken und ihn dabei unnötigerweise die Treppe hinauf bis in das fünfte Stockwerk gehen lassen. In den Scherzen zeigt sich etwas sehr Feines und Lauteres.

Sie sind ein Ausdruck für die kindliche Unschuld. Vielleicht mögen die Scherze in mancher Hinsicht nicht immer ganz glücklich sein. Aber der natürliche Drang bei den Knaben und Mädchen ist hier ein gesundes Zeichen, wenn sie sich mit den Erwachsenen spielen und diese zum Lachen bewegen. Wieder ist es ein Engel, aber es ist ein anderer als in den beiden schon beschriebenen Gesten, der die Kinder zu Scherzen und Streichen bewegt. Deshalb muss in der Regel der Erwachsene auch lachen, wenn er entdeckt, dass er von den Kindern in den April geschickt worden ist.

Worin liegt nun die Bedeutung von Streichen und Scherzen, die ein Kind für die Erwachsenen ausheckt? Die Scherze haben eine ganz wichtige Bedeutung, denn sie tragen eine geheimnisvolle Macht in das ganze weitere Leben hinein. Durch sie entsteht eine Kapazität für die spätere Gedankenfreiheit und für eine größere Willenskraft. In der willentlichen Beflügelung zu Scherzen und Streichen gewinnt das Kind jene Phantasie und jene Freude des Humors. Hierin zeigt sich eine Schöpferkraft und eine viel freiere Tatkraft im Sinne eines nichtdualistischen Gedankenlebens. Wir haben ja heute das weit verbreitete Problem der Depression, sodass wir die Gedanken zu schwer nehmen und allgemein viel zu materialistisch und viel zu gebunden an das persönliche Besitztum denken. Dieses Denken und so starke Verhaftetsein innerhalb der Materie bringt unendlich viele Probleme und raubt schließlich auch viele Lebenskräfte. Indem ein Kind Scherze auf Lager hat und die Erwachsenen tatsächlich dadurch zum Lachen bringt, geht es auf schöpferische, produktive Weise mit dem Leben um. Engelskräfte arbeiten und weben sich hinein in die kindliche Natur. Die Scherze sind wahrhaftig der Ausdruck einer Unschuld. Geschehen sie und werden sie von den Eltern toleriert oder positiv aufgenommen, so kann durch dieses Gestenspiel, aus diesem gebärdenden, anmutigen Entgegentreten eine größere Schöpferkraft für später gedeihen. In der Regel geschehen diese Streiche und Scherzspiele erst ab dem neunten Lebensjahr. Auch für später, für die beginnende und weitere Pubertätszeit, nehmen die Streiche und Scherze eine ganz wichtige Rolle ein. Kinder und Jugendliche sollten Phantasie und Schöpferkraft entfalten, damit sie das Leben mehr spielerisch sehen und mit gewissen sehr ernsten oder harten Strukturen leichter umgehen lernen. Der Humor ist in Wirklichkeit etwas Geistiges. Die Phantasie ist eine Blüte der Seele, und die Heiterkeit eines Überden-Dingen-Stehens trägt zum Erfolg und zu einer sonnenhaften Haltung bei.

V

Nun kann man aber berechtigterweise die Frage einwenden, was diese Bereiche nun wirklich mit der Erziehung zu tun haben. Durch diese drei eben geschilderten, verschiedenen inneren Ausdrucksformen, in denen das Kind schon im frühesten Kindesalter in die Materie hineingeht oder der Jugendliche auf bestimmte Weise willentlich auf die Erwachsenen zugeht, entsteht eine innere bleibende Kapazität. Diese bleibende Kapazität kann einmal im Detail nach folgenden Gesichtspunkten gegliedert werden. Je reiner die Kräfte wirken können im ersten Lebensjahrsiebt, desto reiner entwickelt sich eine Willenskraft und Willensenergie im Kinde, die sich in einer selbstverständlichen Haltung und Schönheit für später auswirkt. Die Kindern entwickeln durch diese reine Engelsenergie, durch dieses reine Engelswirken, das sie langsam zu den Bewegungen, zum Gehen, zum Laufen, Springen, zur Entwicklung der Sprache und zur Entwicklung von einem ersten Gefühl für Handlungen und Richtungen beflügelt, ein heimatliches Gefühl des In-der-Welt-Seins. Sie entwickeln aber gleichzeitig auch ein Bewusstsein für das tiefe, innere, geistige Leben. Sie sind in der Welt und gleichzeitig in Gott. Durch die Geste des Aufeinander-Zugehens, durch das Übernehmen von Aufgaben und durch die angenehm sympathische Dienstleistung, die dem Erwachsenen im zweiten Lebensjahrsiebt entgegengebracht wird, entwickelt sich jene Kraft, die für die Religion so unbedingt notwendig ist; es ist dies die Kraft zu Frömmigkeit, Hoffnung, Glauben, Zuversicht, zu Achtung, Anerkennung, zur Bejahung, Optimismus und die Fähigkeit, das Gute im Leben zu sehen.

Hier mag eine kleine Geschichte aus dem Osten dazwischengefügt werden. Diese Geschichte aus der Zeit der *Bhagavad Gītā* liegt etwa 3000 Jahre vor Beginn unserer Zeitrechnung zurück. Es war zu jener Zeit, als die zwei großen Völker, die *Kaurava* und die *Pāṇḍava*, um das Recht auf der Erde kämpften. Die *Kaurava* galten zu dieser Zeit als der Ausdruck für böse und materialistische Tendenzen, während die *Pāṇḍava* als der Ausdruck für fromme und reine Menschen galten. Diese beiden Sippschaften bekriegten sich. Jene Geschichte handelt von *Duryodhana* und

Yudhiṣṭhira, den Anführern der beiden sich gegenüberstehenden Heere. Beide gingen zu Kṛṣṇa, und jeder bat um eine Aufgabe. Kṛṣṇa galt zu dieser Zeit als die persönliche, inkarnierte Gottheit, das heißt, als eine besondere Gestalt, die nicht von der Erde, sondern ganz aus Gott geboren war. Zuerst fragte *Duryodhana*, der zu der Sippschaft der übelgesinnten *Kaurava* zählte, *Kṛṣṇa* um seine Aufgabe. Dieser sagte zu ihm: ›Gehe hinaus und suche mir in der Welt einen guten Menschen.‹ *Duryodhana* suchte gemäß des Auftrages *Kṛṣṇa* in allen nur erdenklichen Teilen des Landes Indien nach einem guten Menschen. Und er musste feststellen, dass nirgendwo ein guter Mensch zu finden war. Er kam zurück zu *Kṛṣṇa* und sagte ihm: ›Leider, *Kṛṣṇa*, habe ich nirgendwo einen guten Menschen gefunden. Alle diese Menschen haben Makel und waren von Sünde befleckt. Die einen konnten die Wahrheitsrede nicht hervorbringen, die anderen waren in ihrer Gesinnung betrügerisch. Andere lehnten den Gottesdienst und die Gottesverehrung ab und hatten nur materialistische Interessen und wieder andere waren gleichgültig gegenüber ihren Mitbrüdern. Schließlich fand ich auch welche, die die Arbeit und die aufrichtige und selbstlose Haltung im Dienste am Nächsten scheuten. Jeder hatte schlechte Eigenschaften. Nirgendwo fand sich ein wahrhaftig guter Mensch.‹ Dann sandte Gott *Kṛṣṇa* den Sohn der *Pāṇḍavas* aus, den frommen *Yudhiṣṭhira*. Dieser bekam aber eine andere Aufgabe. Ihm wurde aufgetragen, einen bösen Menschen in der Welt zu finden. *Yudhiṣṭhira* ging durch die Welt. Er nahm sich Zeit, kam aber nach langem Suchen zurück zu *Kṛṣṇa* und sagte zu ihm: ›*Kṛṣṇa*, ich habe nirgendwo einen bösen Menschen finden können. Die Menschen sind so fromm. Sie beten, sie lieben einander, sie tun Gutes, und wenn tatsächlich einmal jemand dabei ist, der etwas Schlechtes in seiner Gesinnung trägt, so bereut er es schon nach kurzer Zeit und wendet sich wieder dem Guten zu.‹ Diese Geschichte erzählt, dass die Menschen eine unterschiedliche Erbanlage besitzen und wie sie dadurch zu einem weiten, zuversichtlichen, hoffnungsvollen und guten Leben kommen oder zu Pessimisten, Nörglern und Kritikern an der Welt werden.

Je mehr die Engel im zweiten Lebensjahrsiebt wirken können und somit die innere Seite in das Dasein hinein anlegen, um so mehr ist auch eine fromme, weite, innere Charakterstruktur möglich. Das bewusste Zugehen der Kinder auf die Erwachsenen ist hierfür nur ein mögliches, typisches Beispiel, das das Geschehen lediglich skizziert. Wir sollten in der

Erziehung darauf aufmerksam werden, dass es Kräfte gibt, die sich vom Geistigen auf engelhafte Weise hineinleben und eine wirkliche innere Kapazität in der Seele anlegen.

Ein drittes Beispiel, in dem wieder andere Engelskräfte arbeiten, beschreibt die erste weite Gedankenbildung und eine erste Art von Freiheit im Persönlichen, die im Spiel des Lebens erfahren wird und die Kapazität schafft, das Leben als Spiel anzunehmen. Hier entwickelt sich eine Art Leichtigkeit im Gemüte. Und es entwickelt sich vor allem durch dieses Wirken der Engelsmächte ein heiteres, sonniges Temperament. Die Personen, die sehr stark von jenen Kräften geleitet wurden und in der Kindheit tatsächlich scherzhaft und phantasievoll auf die Erwachsenen zugehen konnten, sind meist von ihrer gesamten Anlage lebendiger, und sie stehen über den Dingen. Sie lassen sich nicht von der Materie und ihren unendlichen Schweregefühlen und Fangschlingen überwältigen. Sie sind Bürger der Sonne, sie sind Bürger mit einer heiteren Lebendigkeit, die überall erbauend und angenehm wirken.

Mit diesen drei Beispielen haben wir einen winzigen Ausschnitt herausgegriffen aus dem Wirkungsfeld der höheren Kräfte an der Kinderseele. Viele, auch nicht angesprochene, Kräfte arbeiten hier geheimnisvoll an dem Werden des Leibes, an dem Werden des Gemütes und an der Entwicklung einer ersten Persönlichkeit. Sie arbeiten verborgen und geheimnisvoll, und sie werden vielleicht nur in leisen, stillen und kontemplativen Stunden als wirklich geistige Kräfte, die autonom und selbstsicher ihr Werk verrichten, erkannt. Es ist für die Erziehung günstig, wenn wir hierfür einen Sinn entfalten und neben unseren pädagogischen Fähigkeiten und unserer tatkräftigen Führung eine tiefe Wertschätzung für das unsichtbare, mysteriöse Geschehen entfalten. In dieser Kontemplation berühren wir das wichtige Beziehungsfeld der Erziehung, das schließlich jenen Raum der Freiheit in der Persönlichkeit eröffnet. Die Erziehung sollte immer die Persönlichkeit und den Ursprung oder die Originalität oder das Einzigartige im Wesen des Kindes fördern. Wir fördern nicht nach unseren Wünschen eigennützige Interessen, sondern wir fördern das einzigartige und unaussprechliche Leben im Kinde selbst. Wir erziehen das Kind zu Selbständigkeit und Freiheit, aber wir bestimmen nicht über die Art und Weise, wie diese Freiheit und diese Selbständigkeit aussehen muss. Wir beobachten nur die Verhältnisse und werden uns immer eingehender des stillen und unsichtbaren Kräftewirkens bewusst, das an dem Kinde arbeitet. Schließlich ist es uns aus diesen weisen Beobachtungen und einfühlsamen, meditativen Erkenntnissen möglich, weise Führungsschritte und auch gediegene Regeln für das Kind zu entwickeln und das Kind damit im Sinne einer klaren Vorbereitung für das Leben zu erziehen. Die Erziehung ist ja immer eine wirklich willentliche Maßnahme, die in die Triebkraft und das begehrende Verlangen des Kindes eingreifen muss. Es soll an dieser Stelle noch einmal wiederholt werden: in jene Anlagen, die aus einem feinen engelhaften Wirken hervorgebracht werden, dürfen wir nicht eingreifen. Aber jene mehr triebhaften, egozentrischen und subjektiven Tendenzen des Kindes müssen wir mit der Zeit geschickt führen und weise lenken. Aus den undifferenzierten Triebanlagen werden schließlich durch Sublimierung, Differenzierung und durch weise Führung feinere, bessere und edlere Qualitäten, die es ermöglichen, ein brauchbares und gutes Lebensgefühl zu entwickeln.

Diese Inhalte werden von mir ausgesprochen, da sie in keinem der Lehrbücher zu finden sind. Sie sind das Ergebnis einer geistigen Forschung. Die geistige Erforschung offenbart viele Geheimnisse, die in der Pädagogik und in der normalen Kinder- und Erziehungspsychologie nicht auffindbar sein können. Die geistige Forschung beginnt in der Beobachtung der geistigen Tatbestände. Sie beginnt im Sein selbst und entwickelt hieraus die Logik und die Erkenntnisse für das Werdende in der Welt der Erscheinung. So beginnt die geistige Beobachtung immer im Geist und endet immer in der konkreten Form der materiellen oder sinnlichen Erscheinungsform.

VI

In den nun folgenden Betrachtungen soll das zweite Lebensjahrsiebt eine Vertiefung erhalten. Wie ist das Fühlen im zweiten Lebensjahrsiebt für das Kind, das noch nicht über ein wirklich weites Bewusstsein und über ein wirkliches Persönlichkeitsgefühl verfügt? Diese Frage lässt uns auf den ganz wesentlichen Hintergrund des zweiten Lebensjahrsiebtes kommen. In diesem Lebensjahrsiebt ist ein ganz inniges Aufschauen zu den Erwachsenen gegeben. Das Kind fühlt sich den Erwachsenen gegenüber klein. Es fühlt sich, wenigstens im gesunden Zustand, in einer Welt, in der es zu großen Idealen aufblickt. Die Erwachsenen sind nicht nur Vorbilder, sie sind Ideale, ja, sie sind wie Götter. Sie sind wie größte und edelste Persönlichkeiten. Ein Kind respektiert in der Regel all jene Erwachsenen, die es im Herzen gern haben kann. Und es fürchtet in der Regel sehr stark all jene, die es aus bestimmten Gründen ablehnen muss. Ein Kind fühlt die Erhabenheit und die Großartigkeit seiner Lehrer und seiner Eltern, die die Erziehung lenken. Indem man sich noch einmal dieses Fühlen ganz klar in die Erinnerung ruft und es auch am Kinde, wie es in diesem Lebensjahrsiebt eingeordnet ist, beobachtet, erhält man den Eindruck, dass hier eine ganz entscheidende und prägende Phase für die Zukunft entsteht. Das Kind wird hier in der Seele, im Gemüt und im Empfindungsleben zutiefst geprägt. In den kindlichen Organismus lebt sich eine Seele hinein, die aus dem Vorbild des Erwachsenen kommt und schließlich Teil der eigenen inneren Welt wird. Die Kinder nehmen jetzt wahrhaftig Lebenskraft und Seele von den Erwachsenen auf. Sie nehmen deren inneres Empfindungsleben auf und werden damit zutiefst in ihrer innersten Natur geprägt. So ist es wiederum entscheidend, welchen persönlichen Umgang die Kinder in diesem Lebensjahrsiebt haben, welche Lehrer ihre Erziehung lenken und welche Verwandten sie beeinflussen und damit auch in der Seele prägen. Es ist von entscheidender Wichtigkeit, dass diese Persönlichkeiten, die jetzt auf die Kinderseele wirken, sich ihrer Verantwortung tatsächlich bewusst sind. Der Erwachsene ist wahrhaftig Autorität und Vorbild für den heranwachsenden Knaben oder für das heranreifende Mädchen.

Wieder liegt eine der großen Schwierigkeiten unserer heutigen Erziehungsmethoden an unserer persönlichen Auffassung von Freiheit. Wir wollen den Kindern schon eine Art Kollegialität und damit einen Freiraum einräumen, der für sie ganz ungesund ist. Die Eltern wie auch die Lehrer müssen für sie das Beispiel der Autorität verkörpern. Sie müssen tatsächlich ein Vorbild sein, sie dürfen sich nicht zu sehr in eine kollegiale, freundschaftliche Position hineinbegeben, die man fälschlicherweise oft als »kinderfreundlich« bewertet. Die Kinder wollen eine Autorität und sie benötigen die Autorität. Sie brauchen auch eine gewisse Trennung zwischen ihrem Empfinden und dem Empfinden, das die Erwachsenen ausstrahlen. Verschwimmen hier die Grenzen des bewussten Lehrerseins und der bewussten Erziehung und verwässern sich die tatsächlichen Leitbestimmungen und Autoritätsmerkmale, so kommt es in der Erziehung zu einem ungesunden Durcheinander und zu einer tatsächlichen Schwächung der innersten Lebenssituation im kindlichen Organismus. Die Erziehung bedarf immer des Vorbildes der Autorität, der klaren Führung, und es ist auch notwendig für die Kinder, dass man von ihnen Gehorsam verlangt, und dass man sie in der Einordnung als Kinder respektiert. Die Kinder dürfen vom Erzieher auch nicht als kleine Erwachsene betrachtet werden. Sie müssen sich den Entscheidungen fügen und sie müssen tatsächlich in ihrer klaren Einordnung bleiben. Entscheiden Kinder zu früh und beginnen sie zu bestimmen, beispielsweise, was auf dem Mittagstisch für ein Essen zu stehen hat, so ist das in diesem Lebensabschnitt eine tatsächliche Gefährdung der gesunden Entwicklung.

VII

Ein ganz wichtiges Zeichen des zweiten Lebensjahrsiebtes ist das verehrende und wertschätzende Empfinden des Kindes. Das Gemüt prägt damit eine ganz tiefe innere Seite aus. Es ist das Zeichen der Verehrung und das bewusste Wertschätzen und achtsame Fühlen gegenüber einer Sache oder eines objektiven Tatbestandes immer ein seelisches Merkmal. Hier in diesem Lebensjahrsiebt entwickelt sich jene Anlage im Inneren, die wir als die Seele selbst bezeichnen können. Der Begriff der Seele ist dabei nicht auf das Gemüt und auch nicht auf das spätere Gefühlsleben bezogen. Der Begriff Seele erscheint hier vielmehr in einem Zusammenhang mit den tiefsten innersten Empfindungen und innersten Idealen. Die Seele ist niemals zu verwechseln mit dem Gefühlsleben, den Emotionen, dem, was man als Lust und äußere Freude bezeichnet. Der Begriff Seele ist in meinen Ausführungen immer mit dem tiefsten, innersten Empfindungsleben und damit ganz mit dem schöpferischen Geheimnis einer werdenden Persönlichkeit verbunden.[2] (siehe Anhang)

Man sieht sehr deutlich, wie sich die Seele in dem kindlichen Organismus über die Jahre hinweg anlegt. Kräfte strömen in das Innere des Leibes hinein und manifestieren sich in einer geheimnisvollen inneren Organwelt. In der Psychologie und Pädagogik ist das Phänomen der eidetischen Bilder bekannt. Die eidetischen Bilder sind bestimmte, in komplementärer Folge erscheinende Farben- und Bildwahrnehmungen, die vor allem am Abend vom Kinde erlebt werden. Wenn das Kind beispielsweise zeitig am Abend zu Bett geht, so empfängt es wie in einem Film die Bilder des Tages. Diese Bilder kommen immer aus den Erinnerungen und Eindrücken des Tages. Sie sind nicht aus einer bloßen Phantasie oder aus einem geistigen Schauen gewonnen. Ein Kind kann nicht wirklich geistig schauen. Es empfängt nur die Eindrücke des Tages viel stärker und erlebt diese Eindrücke auch in den Abendstunden meist in größerer Intensität. Es nimmt diese Eindrücke zutiefst in die nächtliche Ruhe mit hinein. Und gerade dann, wenn es schläft, wirken diese Bilder des Tages intensiv weiter. Sie tragen dazu bei, dass jene seelische innere Anlage des Empfindungslebens eine individuelle Lebens- und Gemütsgestalt gewinnt.

So ist es möglich, dass ein Kind beispielsweise mit bestimmten Eindrücken konfrontiert wird. Nehmen wir einmal an, ein Kind spielt mit Plastiksoldaten und ist dabei leidenschaftlich und freudig beschäftigt. Nehmen wir an, es spielt bestimmte Cowboyfilme und Szenen nach, die es beim Fernsehen aufnimmt. In der Regel kommen dann am Abend die Eindrücke und die Erinnerungen erneut und erscheinen bildhaft vor dem Auge des kindlichen Gemütes. Das Kind nimmt somit eine tatsächliche Substanzwelt in sein Inneres hinein. Es nimmt die Filme, die Gestalten und die Farben wie auch die Art des Ausdruckes seiner Spielmännchen in sein Inneres auf. Die Seele wird zutiefst von diesem Geschehen geprägt. Eidetische Bilder, die am Abend erscheinen, sind ein Ausdruck dafür, dass ein seelisches Wirken lebendig besteht. Noch sind das Empfindungsleben und der Körper lose miteinander verbunden. Die Seele ist in gewisser Weise noch außerhalb des Leibes. Dadurch können diese Bilder erscheinen. Schließlich ist es dann mit dem elften, zwölften oder dreizehnten Lebensjahr, unter Umständen vielleicht auch noch später, der Fall, dass diese Bilder verschwinden und die Seele manifest wird als Organisationsgrundlage für das spätere Empfindungsleben. Die eidetischen Bilder verschwinden wieder, sie werden nicht mehr bewusst erlebt. Die eidetischen Bilder können nur so lange erlebt werden, wie die Seele noch mehr lose, undifferenziert und wie ein Atem schwebend mit dem Leib in Verbindung steht.

VIII

Betrachten wir nun die Entwicklung der Sprache und des Sprachvermögens, wie es sich aus dem ersten Lebensjahrsiebt hinüber in das zweite und über dieses hinaus schließlich zu immer weiteren Möglichkeiten entfaltet. Im ersten Lebensjahrsiebt ist die Sprache noch sehr undifferenziert, ganz dem subjektiven und wollenden oder auch eigenbezogenen und triebhaften Leben unterworfen. Die erste Kindersprache ist ein gebärdendes Sich-Hineinleben, das unmittelbar im Erleben des Lautes selbst seinen Ausdruck findet. Erst etwa mit dem fünften, sechsten und schließlich mit dem siebten Lebensjahr, dann, wenn die Schulreife beginnt, entwickelt sich ein mehr unabhängiges Sprachvermögen. Die Sprache gewinnt ganz langsam eine Objektivierung hinein in das Leben. Erstmals mit dem Beginn der Schulreife erweitert und differenziert sich der Wortschatz, und die Sprache gewinnt den Charakter eines Systems von Wortbausteinen. Die Sprache wird schließlich auch als eine direkte Tatsache im Leben verstanden. Die ersten Sprachregeln und die ersten grammatikalischen Zusammenhänge werden für gewöhnlich ab dem neunten Lebensjahr verstanden. Meist aber werden die Sprachregeln, die Satzanalyse, die Syntax, die die Erforschung der Beziehungsverhältnisse der Satzteile zueinander betrifft, nur ganz langsam und durch Gewöhnung und Wiederholung gelernt. Erst dann, wenn die Pubertät kommt und sich auch die Geschmeidigkeit im Erkennen und Verstehen durch das kommende Bewusstsein erweitert, gewinnt die Sprache eine weite realistische Möglichkeit zur Modellierung und Plastizierung, zur Entwicklung einer ausdruckskräftigen und geradezu künstlerischen Gestaltungskraft. Die Fähigkeit, die Sprache zu modellieren und zu plastizieren, die Fähigkeit, mit der Sprache das Leben zu beschreiben oder dem Leben ausdruckskräftig näher zu kommen, ist durchaus schon als eine sehr gute künstlerische Anlage zu sehen. Es bedarf in der Erziehung nicht unbedingt schon gewisser Maßnahmen, damit sich diese Fähigkeit später ausgestalten kann, es ist vor allem von gewissen Einflusskräften, wie dem Lesen und auch den Interessensgebieten abhängig, wie sich die Sprache dann in einer späteren Zeit entfaltet. Immer wird die Sprache von der persönlichen Schöpferkraft, dem Maß der inneren bewegten Liebe zum Leben und dessen Gestaltungsmöglichkeiten bestimmt. Jedenfalls können hier in den ersten Schuljahren schwerwiegende Belastungen und Überforderungen entstehen, wenn die Sprache und ihre Grammatik auf forcierte Weise unterrichtet werden.

IX

In diesem zweiten Lebensjahrsiebt kann es zu Verzögerungen in der Entwicklung kommen. Diese Verzögerungen in der Entwicklung mögen manche elterliche Herzen arg beunruhigen. Vor allem dann, wenn ein Kind in den ersten Klassen sitzenbleibt. Wenn es nicht in die nächste Klasse aufrücken darf, so ist das womöglich ein sehr deprimierendes Ereignis für die Eltern. Hier aber muss man durchaus unterscheiden, ob es sich nur um eine zeitliche Verzögerung der Entwicklung handelt, oder ob es sich tatsächlich um ein pathologisches Geschehen, ein Defizit oder um eine mangelnde Intelligenzanlage beim Kinde handelt. Das ist nicht immer und in jedem Fall ganz einfach zu entscheiden. In den meisten Fällen liegt lediglich eine Entwicklungsverzögerung vor. Diese Verzögerung hat aber einen besonderen Hintergrund und darf in keinster Weise als nur negativ betrachtet werden. Das ist durch bestimmte Beispiele aus Biographien heute auch bekannt. Jene Menschen, die wir als geniale Menschen, als Genies bezeichnen, sind oftmals in den ersten Schuljahren die schlechtesten Schüler gewesen. Sie hatten schlechte Noten oder sind sitzengeblieben, oder sie waren sehr träumende und damit eigenartige Kinder.

In diesem Zusammenhang ist es notwendig, diese Situation einmal von einem geistigen Standpunkt aus zu beurteilen. Der geistig-imaginative Standpunkt ist von einer ganz anderen Logik und Übersicht, als jener, der nur die Verhältnisse im Irdischen begutachtet und interpretiert. Indem die Intelligenz gewisse Anlaufschwierigkeiten in den ersten Schuljahren hat, und das Kind vielleicht träumen oder noch lebensfern oder noch zu sehr im Subjektiv verhaftet bleibt, hält sich eine innerste Lebenskraft zurück. Es ist eine Stoffwechselfülle, die für später aufgespeichert wird. Aus diesem Grunde entwickelt sich dann in den späteren Jahren, etwa zwischen dem dreißigsten und vierzigsten und auch durchaus zwischen dem vierzigsten und fünfzigsten Lebensjahr eine ungewöhnlich intelligente Anlage, eine weite Gedankenperspektive und eine weitschauende Logik mit großartigen Gedächtnis- und Intelligenzleistungen. Schon eine geringfügige Zurückhaltung der Lebenskräfte im Sinne eines zu träumenden und subjektiven Seins bringt für die späteren Lebensjahrzehnte immer außerordentliche Fortschritte und besondere Leistungen in der Gedächtnis- und Erkenntnisbildung.

Es muss aber ausdrücklich betont werden, dass man diese Geschehnisse nicht willentlich steuern sollte, und man sollte die Kinder nicht absichtlich in ihrem subjektiven Lebensgefühl halten wollen. Man sollte den Schulbeginn nicht aus diesen Gründen später ansetzen und vor allen Dingen nicht in diese natürlichen Abläufe einer viel größeren Steuerung der Natur und des Geistes eingreifen. Sie sind dem Werdegang des kleinen Bürgers selbst zu überlassen. Der Schulbeginn mit dem sechsten oder siebten Lebensjahr ist für das Kind ganz natürlich. Hier ist es nur günstig, jene noch träumenden und subjektiv überbetonten Phasen in der Kindheit nicht als nur negativ zu bewerten. Ein Kind, das noch nicht wirklich die Wachheit zum Rechnen, zum Lesen und vor allem zu einer reifen Sprachentwicklung in ausreichendem Maße hervorbringt, ist deshalb nicht immer ein unintelligentes Kind. Es bedarf nur einer geduldigen Zuwendung und es bedarf vor allem einer ruhigen Ausdauer. Die Eltern wie auch die Lehrer sollten mit den träumenden Kindern nicht verzweifeln.

Anders aber erscheint es bei Kindern, die längere Zeit sogenannte legasthenische Merkmale aufweisen. Sie können bestimmte Buchstaben nicht aussprechen oder haben mit der Sprachgestaltung und mit der Formulierung von Wörtern erhebliche Schwierigkeiten. Diese Schwierigkeiten sind in den ersten Jahren, im siebten, achten und durchaus auch im neunten Jahr noch in einem gewissen Sinne tolerierbar. Es sind Schwierigkeiten, die meist später bewältigt werden. Handelt es sich aber wirklich um ein Nichterkennen von Buchstabenfolgen und Lautmerkmalen, oder handelt es sich gar um jene Erscheinung, die wir als Stottern bezeichnen, dann liegt tatsächlich ein pathologisches Syndrom vor. Diese Pathologie ist vielleicht auch nicht unbedingt gleich als eine große Bedenklichkeit und als schwerwiegend zu bezeichnen. Das Stottern ist ein bestimmter Ausdruck für eine ungünstige, verzögerte oder disharmonische Inkarnation der Seele. Die Seele kann sich nicht richtig mit dem leiblichen Träger verbinden. Dadurch kommt es zu Schwierigkeiten in der willentlichen Gestaltung des Wortes. Das Wort kann von den Sprachorganen nicht richtig ergriffen werden. Dies ist ein Hinweis dafür, dass sich eine gewisse Angst vor dem Leben zeigt. Eine leise, schon beginnende depressive Anlage äußert sich in diesem Vorgang. Es handelt sich dann meistens um eine Entwicklungsstörung oder eine Entwicklungsbeeinträchtigung, die eine bessere Inkarnation oder eine harmonischere Seele-Leib-Beziehung erforderlich macht. Damit man diese harmonische Seele-Leib-Beziehung auf natürliche Weise und ohne größeren medikamentösen Eingriff fördert, ist es gut, wenn man dem Kinde eine kräftige Nahrung mit möglichst wenig Zucker- und auch Fruchtanteilen gibt. Indem die Nahrung kräftig und stark ist und das Kind so gefestigt wird, entwickelt sich in der Regel auch ein günstigeres Verhältnis im Leib-Seele-Gleichgewicht. Es ist auch daran zu denken, dass man im Falle des Stotterns auf das typische Inkarnationsmetall, das Eisen, zurückgreift. Das Eisen sollte aber von ärztlicher Seite mit der Dosierung, wie sie in der Naturheilmedizin gegeben wird, verordnet werden.

X

Eine der größten Gefahren in der Schule ist, wie wir bereits erörtert haben, die einseitige, intellektuelle Überforderung. Die gegenwärtige intellektuelle Überforderung hat zahlreiche negative Auswirkungen für die Entwicklung des Kindes. Weiterhin beeinträchtigen diese Überforderungen die Gesundheit und Konstitution auch im Erwachsenenalter noch. Die Entwicklung eines gesunden Selbstbewusstseins hängt sehr von den Einflüssen im zweiten Lebensjahrsiebt ab. Auf die Vermeidung der intellektuellen Überforderung in den ersten Schuljahren ist unbedingt zu achten. Es ist heute aber sehr schwierig geworden, praktische Wege zu finden, wie man die Schüler in den jungen Jahren davor bewahren kann. Scheinbar führen alle pädagogischen Maßnahmen und alle Schritte in der Kunst der Erziehung geradewegs und unumgänglich in jene Dramatik, die immer mehr Erschöpfung und Auszehrung im Nervensystem der Kinder bewirken muss. Jetzt ist es unsere Aufgabe, auf bestimmte Hintergründe aufmerksam zu werden, um zu verstehen, wie diese Überforderung allgemein in unserer Zeit zustande kommt. Hier können wir aber wiederum nur einige wenige Beispiele herausgreifen, um uns ein Gefühl und einen inneren Sinn anzuzeigen, damit wir schließlich zu rationaleren, einfacheren, klaren und fundierten Anwendungen in der Erziehung und Pädagogik kommen. Dieser Weg wird ein sehr weiter sein, und er wird viele Hindernisse, die unsere Zeit ganz allgemein mit sich bringt, aufweisen. Dennoch können wir aber durch die Kenntnisnahme der verschiedenen Leitmerkmale einige wesentliche Verbesserungsschritte in direkt praktischer, methodischer Hinsicht einleiten.

Man weiß allgemein, dass man sowohl als Kind als auch als Erwachsener leichter lernt, wenn man sich am Lehrbeispiel einen lebendigen Zusammenhang und eine lebendige Anschauung bilden kann. Das Lernen ist am schwierigsten, wenn es in abstrakter, spezialisierter, hochintellektueller Hinsicht oder rein in gedanklich isolierter Form geschehen soll. Ein praktisches Anschauungsbeispiel oder ein lebendiger Lebenszusammenhang ist immer eine große Hilfe für ein schnelles Lernen. Es entspricht auch dem Sinn des zweiten Lebensjahrsiebtes, dass das Lernen möglichst in einem Zusammenhang geschieht. Abstraktes Lernen ist vor allem in der ersten Hälfte dieses Lebensjahrsiebtes noch gänzlich unmöglich. Auch in der zweiten Hälfte dieses Lebensjahrsiebtes ist ein abstraktes Lernen noch mit größten gedanklichen Anforderungen verbunden. Sehr wichtig ist also immer der lebendige, lebensnahe Zusammenhang. Schließlich sollte man sich noch einmal vergegenwärtigen, wie das Lernen in diesem Entwicklungszeitraum stattfindet. Das Typische am Lernen ist die Eingliederung von Neuem. Ein Kleinkind kann die Sprache aus sich heraus noch nicht hervorbringen, weil die Sprache im Inneren des Leibes noch nicht entwickelt ist. Deshalb muss das Vokabular und der gesamte Sinn für die Sprache erst einmal von außen herangeführt werden, bis die Sprache Teil des inneren Erlebens und Wissens ist. Würde man von dem Standpunkt ausgehen, wie das in der antiautoritären Erziehung ansatzweise der Fall ist, dass man das Kind bei der Sprachentwicklung sich selbst überlassen könne, dann würde man hier größte Fehler in der Erziehung machen. Die Sprache ist ein typisches Beispiel dafür, dass der Sinn für einen Sachverhalt von außen an das Kind herangebracht werden muss. Hierfür müssen geeignete Wege und vernünftige, natürliche Formen in der Pädagogik gestaltet werden.

Lernen ist immer mit Wiederholung und Anschauung verbunden. Die Anschauung ist dabei etwas ganz Wichtiges. Wir haben schon in den vorausgegangenen Beobachtungen erwähnt, dass die eidetischen Bilder in diesem Lebensjahrsiebt sehr typische und natürliche Erlebniserfahrungen beim Kinde sind. Die Seele gliedert sich erst langsam in ihren leiblichen Träger hinein. So ist es auch mit allem Wissen und allen Zahlen, mit allen Erfahrungsschritten, mit den Wörtern und mit der Sprache allgemein. Langsam gliedert sich ein Neues in das Innere des Organismus hinein. Diese Neueingliederung geschieht auf ganz natürliche Weise durch die Anschauung. Die Anschauung führt zu einer Wahrnehmung, sie führt zu einem Erleben, und das Erleben bringt schließlich ein inneres Wissen hervor. In der herkömmlichen Pädagogik wird aber weniger darauf achtgegeben, wie dieses Erleben beim Kinde stattfindet. Es ist von großer Wichtigkeit, eine Unterscheidung in den verschiedenen Erlebensformen zu schaffen. Alle Eindrücke der Außenwelt, und so auch der Unterricht, wirken auf die Kinderseele prägend und gestaltend. Sie werden zur Anlage im Gemüte.

Nehmen wir als Beispiel für die kindliche Erlebensweise einmal das Rechnen heraus. Das Rechnen scheint ja für manche Kinder ganz besonders schwierig zu sein und es scheint auch in den späteren Jahren für die Knaben meist etwas leichter und für die Mädchen eher schwerer erlernbar zu sein. Das Rechnen ist mit verschiedenen Erlebensformen verbunden. Wir können auf ganz unterschiedliche Weise das Rechnen erlernen. Sehr wesentlich hängt dies von der Gestaltung des Unterrichts ab. Die Persönlichkeit des Lehrers steht dabei im Mittelpunkt und wird als Autorität wesentlich die Erlebensweise des Rechnens beeinflussen. Wir können tatsächlich mit den Zahlen in der Empfindung einen Realitätssinn ausprägen und damit eine nahe Beziehung zur Materie fördern, ebenfalls aber können wir mit dem Rechnen jene negativen Charaktereigenschaften wie Berechnung und Materialismus fördern. Das Ziel des Rechenunterrichts ist es, dass wir einen Realitätssinn und damit einen innersten, tiefen Bezug zur Materie bahnen, anstatt jene negativen Charaktereigenschaften zu fördern. Dabei ist es unerlässlich, dass wir das Rechnen sowohl in der Methode als auch durch unsere persönliche Klarheit richtig vermitteln.

Wenn das Rechnen zu sehr auf das Rechnen bezogen ist und die Anschauung über die Realität der Zahl zu wenig berücksichtigt wird, so wird das Rechnen immer zu einem mehr oder minderen Grade eine Überforderung bringen. Die Anschauung nimmt gerade beim Rechnen eine entscheidende Stellung ein. Beachten wir hierfür einmal die Realität der Zahl. Die Zahl finden wir in der Schöpfung. Wir finden sie, wenn wir die Blütenblätter einer Blume zählen. Wir finden sie als eine immer gegenwärtige Realität. Wir finden die Zahl in unserem Leibe. Wir besitzen an jeder Hand fünf Finger und wir besitzen auch verschiedene Glieder, die an der Zahl beim Menschen immer gleich viele sind. Die Zahl ist die Realität unseres Lebens. Sie geht aus der Schöpfung, aus der Materie, aus dem Körper real hervor. Indem wir die Zahl in diesem Sinne betrachten, erkennen wir an ihr unmittelbar eine Realität. Wir erkennen sie als lebendigen Körper, als eine lebendige Existenz und Welt in der Schöpfung. Das Rechnen sollte nicht aus der Abstraktion heraus beginnen, sondern sollte aus dem Zusammenhang und der Anschauung der Schöpfung selbst entstehen. Hier aber ist es einmal günstig, wenn wir weitere Beispiele zur Verdeutlichung anführen.

Betrachten wir die Schöpfung einmal noch etwas genauer. Die Schöpfung birgt unendlich viele Zahlen in sich. Sie ist tatsächlich alle Zahlen in allen Variationen. In der buntesten, undenkbaren Vielfalt existiert die Zahl in ihrer Realität. In Wirklichkeit ist die Zahl der Schöpfung nicht eine bestimmte. Die Zahl der Schöpfung ist die Unendlichkeit. Aus der Unendlichkeit geht schließlich die konkrete Zahl hervor. Jede Zahl, gleich, ob sie nun eine Million, also eine sehr große Zahl ist, oder ob sie eine Zwei, eine Drei oder Vier, also eine kleine Zahl darstellt, ist ein Ausdruck des Einen und Unendlichen. So ist die größte und höchste Zahl gleichsam die Ewigkeit und das Unendliche, das Unmanifestierte und doch in allem Manifestierte. Von diesem Weitblick ausgehend ist es leichter möglich, eine tiefe Moralität im Rechenunterricht zu bewahren. Wir können auf diese Weise die Materie verlebendigen, und es ist uns möglich, Anschauung und Abstraktion unmittelbar in einen Zusammenhang zu bringen. Dadurch überfordern wir nicht das Gemüt des Kindes, sondern fördern einen tieferen, nahen Bezug, so dass für später eine feine Seelenstimmung und feine Einordnung im Gemüte des Kindes bewahrt bleibt. Je klarer der Unterricht ausgerichtet wird und je deutlicher und geformter, je stattlicher und sympathischer der Lehrer sich mit seiner Autorität zu den Kindern in Beziehung bringen kann, um so deutlicher kann das Kind einen Sinn erhalten für die bestehende Ordnung durch die Zahl in der Schöpfung. Die Unendlichkeit ist die Schöpfung selbst, und aus der Unendlichkeit gehen die einzelnen

Zahlen hervor. So ist die Realität der Zahl ein Anfang in einer unendlichen Größe und ein Ausdruck in der Endlichkeit.

An den genannten, direkt praktischen Beispielen kann eine erste Einordnung und ein erster natürlicher Zusammenhang für die Kinderseele dargestellt werden. Kinder lernen mit dem Rechenunterricht nicht nur ihr Gehirn anzustrengen, sondern sie lernen vor allem, dass sie die Augen für die Realität des Lebens öffnen müssen. Die Anschauung oder die Aufmerksamkeit für die Schöpfung bildet den Ausgang für das Rechnen. Nehmen wir ganz konkret die vier verschiedenen Rechenarten heraus, die Addition, die Subtraktion, die Multiplikation und die Division. Diese Rechenarten sind in den ersten sechs Klassen nach den allgemeinen Lehrplänen aufeinander aufbauend zu erlernen. Die Multiplikation ist dabei etwa in der dritten Klasse mit dem Erlernen des Einmaleins eine recht schwierige Aufgabe. Das Einmaleins muss tatsächlich durch Wiederholung und unermüdliche Ausdauer erlernt werden. Die Wiederholung führt zu einer Autonomie, und die Autonomie prägt das innere Bewusstsein. In diesem Bewusstsein kann schließlich der Gedanke klar, einfach und gezielt eine praktische Integration erhalten. Müssten wir jedesmal sorgfältig nachrechnen, weil wir das Einmaleins nicht richtig auswendig gelernt haben, so würden wir die Gehirnkräfte unnötig beanspruchen und würden uns damit mental verausgaben. Das Erlernen von den verschiedenen Rechenarten geht immer mit einer Wiederholung und mit einer bewussten Anschauung einher. Mit der Zeit müssen die Rechenschritte bis in die Autonomie hinein geschult werden. Dieses Lernen wird ganz besonders am Beispiel der Multiplikation deutlich.

Wie bringen wir das Einmaleins den Kindern bei? Sicherlich gibt es hier viele Methoden. Nur auf eine Möglichkeit soll einmal in meinen Ausführungen hingewiesen werden. Mit dieser Möglichkeit soll der Stellenwert der richtigen Anschauung verdeutlicht werden. Die Anschauung ist wichtiger zu werten als die spontane Intelligenz und Schnelligkeit in der Kombination. Die Anschauung schafft immer die Basis zur weiteren Gedankenbildung und zur Entwicklung einer größeren und umfassenderen Intelligenz. Die Anschauung gibt auch schließlich den Sinn für die bestehende Realität. Deshalb ist es sehr wichtig, dass wir immer eine klare, möglichst zusammenhängende und nachvollziehbare Anschauung vermitteln. Es ist auch wichtig, dass wir eine rechte Aufmerksamkeit von den Knaben und Mädchen fordern.

Wir müssen das Einmaleins durch wiederholtes Schreiben und wiederholte Darstellung und Anschauung einstudieren. Es könnte einmal das Sechser-Einmaleins, wie in der nachfolgenden Zeichnung dargestellt, an die Tafel geschrieben werden. Wir stellen dabei fest, dass die Einerzahlen der beiden Spalten jeweils die gleichen sind. Ein gewisser Rhythmus wird damit sichtbar. Indem das Kind so bestimmte Gesetzmäßigkeiten erkennt, fördern wir gezielt die Anschauung und die Aufmerksamkeit. Die Aufmerksamkeit stellt sich dadurch auf ganz natürliche und autonome Weise ein. Das Einmaleins kann somit leichter mittels der Anschauung ohne mentale Überbeanspruchung eingegliedert werden. Wenn man ein Kind in der Weise anleitet, dass es sogenannte »Eselsbrücken« herausfindet und vielleicht sogar als Aufgabenstellung herausfinden muss, so muss es in der Anschauung wachsen, es muss in der Aufmerksamkeit zur Sache ausgerichtet sein. Ähnlich könnten wir beispielsweise mit dem Neuner-Einmaleins verfahren. Wir schreiben es an die Tafel und lassen die Kinder die Aufgabe einzeln wiederholen und tragen somit zur Aufmerksamkeit bei. Das Kind lernt durch die Aufmerksamkeit und gliedert schon zu einem gewissen Grad das bislang noch unbekannte Zahlenverhältnis und die unbekannte Art der Rechnung in sein Inneres ein. Es wird vertraut mit der Zahlenfolge. Schließlich fragen wir das Kind, welche Charakteristik oder welche Systematik im Neuner-Einmaleins vorhanden ist. Was fällt bei diesem Einmaleins auf, wenn man es in der Darstellung betrachtet? So wird es vielleicht erkennen, dass die Zehnerzahlen aufsteigend sind, während die Einerzahlen eine absteigende Zahlenreihenfolge bilden. Hier müssen wir bisweilen dem Kinde etwas auf die Spur helfen. In jedem Falle werden wir aber dadurch eine sehr angenehme, reale, weite Auffassungsgabe schulen. Wir werden die Augen und die Sensitivität in der Anschauung weiten und fördern. Je lebendiger die Anschauung wird, desto lebendiger erfahren die Kinder die einzelnen Schritte. Und je spontaner sie am Lernen beteiligt sind, um so mehr schützen sie ihre zarten, sensiblen Nervenkräfte und bewahren sich somit Lebenskräfte für die Zukunft. Das Gehirn wird durch diese zusammenhängenden Realitätsbezüge auf lebendige Weise belebt und gleichzeitig aber vor Überforderung bewahrt.

```
1 × 6 = 6         6 × 6 = 36
2 × 6 = 12        7 × 6 = 42
3 × 6 = 18        8 × 6 = 48
4 × 6 = 24        9 × 6 = 54
5 × 6 = 30       10 × 6 = 60
```

Die zweite Zahl wiederholt
sich rhythmisch als die Hälfte

```
 1 × 9 = 9
 2 × 9 = 18
 3 × 9 = 27
 4 × 9 = 36
 5 × 9 = 45
 6 × 9 = 54
 7 × 9 = 63
 8 × 9 = 72
 9 × 9 = 81
10 × 9 = 90
```

Hier ist das rhythmische
Zählen gut leicht zu
finden. Die zweite Reihe
reduziert sich jeweils um
eins, während die erste
Reihe um eins wächst

(Tafelzeichnung: Sechser- und Neuner-Einmaleins)

XI

Nehmen wir als weiteres Beispiel für das Rechnen eine Aufgabenstellung aus der fünften und sechsten Klasse. Hier heißt es: »Der Rechenbaum verrät dir den Rechenweg. Luzius hat einen teuflischen Text für dich vorbereitet. Der Rechenbaum von Helfius ermöglicht dir, die Rechenaufgabe schrittweise zu lösen«. Die Aufgabe ist somit in einen Rahmen gesetzt und lautet: »Helfius pflanzt sechsundzwanzig junge Apfelbäumchen und siebzehn Birnbäumchen. Ein Baum hat 22,– DM gekostet. Für jeden Baum hat er auch ein Stützpfählchen für je 4,– DM mitgenommen. Wieviel hat Helfius bezahlt?« Nun ist der Aufgabenstellung eine Zeichnung beigegeben, die einem Comic gleicht, und schließlich ist auch ein Baum gezeichnet, der hier als Rechenbaum und Lösungsweg fungieren soll. Dieser Lösungsweg wird mit insgesamt acht Schritten skizziert, der mit den Gesamtkosten als letzte Stufe endet. Es fallen bei solch einem Beispiel bestimmte, sehr schwierige Begriffsbestimmungen und Darstellungen auf. Diese wollen wir einmal analysieren.

Wir haben in den bisherigen Ausführungen darüber gesprochen, dass es für den Schüler in den ersten Schuljahren ganz besonders wichtig ist, dass mit dem Rechnen ein natürlicher Realitätsbezug entsteht. Dieser Realitätsbezug bezieht sich vor allen Dingen auf ein nahes und natürliches Fühlen zum Leben und zur Gesamtheit der Schöpfung. Die Kinder nehmen in diesen Jahren ganz besonders Lebenskraft und Seele in ihr Inneres hinein. Dieses Maß an Seelenkraft, das sie in diesen Jahren aufnehmen, wird sich auch wieder in ihrem inneren Charakter und in ihrem gesamten Temperament in den späteren Jahren widerspiegeln. Aus diesem Grunde sollten die Kinder möglichst einfache und klare Beispiele bekommen, die sie selbst unmittelbar aus der Sache heraus lösen können. Sie sollten aus der Anschauung heraus zu dem Rechenweg oder zu der klaren Berechnung kommen. Dies wird aber in dem genannten Beispiel geradewegs erschwert. Nicht nur, dass Comiczeichnungen eine sentimentale oder emotionale Stimmung beim Kinde erzeugen, die in jedem Falle als ungünstig zu werten ist, es ist auch durch den Rechenbaum und die Art und Weise der Namensgebung eine unglaubliche Belastung für das Empfindungsleben des Kindes gegeben.

Es heißt, um den Text noch einmal zu wiederholen: »Luzius hat einen teuflischen Text für dich vorbereitet.« Es werden Namen und Ausdrücke verwendet, die dem Kinde einfach schädlich entgegenkommen. Sie erhalten keinen wirklichen, nahen, sinnvollen Realitätsbezug. Es entsteht eine kindische oder eben emotional prägende Anlage durch solche Einflüsse. Sie entstehen nicht durch einen einzigen solchen Text, sie entstehen mehr durch die gesamte Art und durch die Gesamtheit von wiederholten ähnlichen Beispielen. So bringt der Rechenbaum nur unnötige Schwierigkeiten und unnötige Entfremdung. Das Kind muss nicht mehr ordentlich auf das Beispiel selbst blicken, sondern erhält zusätzlich einen mehr abstrakten Weg, den es ja in keinster Weise nachvollziehen kann. Die Gehirnkräfte werden unnötig gefordert. Die gesamte Aufgabe ist zudem in einen unästhetischen, unnatürlichen und kindischen Rahmen gekleidet, der weder kinderfreundlich noch wirklich förderlich für einen natürlichen Realitätsbezug ist. So dürfen wir allgemein für die Methodik des Lehrens folgern, dass das Lernen einen möglichst einfachen und nachvollziehbaren Weg zur Materie nehmen soll. Es ist besser, keine Kopien auszuteilen, sondern mehr mit Hilfe von Diktaten und anschaulichen, einfachen Tafelbeispielen zu demonstrieren. Durch die unmittelbar zur Materie gewählte Beziehung eröffnet sich für die jungen Bürger dieser Erde ein nahes Empfindungsleben und sie werden mental nicht überfordert.

Wir haben bereits ausgeführt, dass das Lernen ganz wesentlich von der Autorität des Lehrers bestimmt ist. Die Autorität ist immer eine Art Ideal, ein Vorbild, ja sie ist eigentlich die Seele des Lehrens selbst. Eine klare Autorität ist für das Kind wichtig. Nehmen wir noch einmal Bezug zu unserer Rechenaufgabe. Wir sehen anhand dieser Aufgabe, dass dem Kinde der Bezug unnötig erschwert wird. Warum ist dies so? Betrachten wir einmal die Namen »Luzius« und »Helfius«. Dies sind entpersonifizierte, nichtssagende Comicnamen, die aber dennoch auf das Kind einen Einfluss ausüben. Das Empfindungsleben des Kindes ist ja äußerst sensibel. Es würde eine unmittelbare Konfrontation mit der Realität suchen. Hier aber erhält es nur ein phantasiertes Beispiel, das in Wirklichkeit die Achtung und die Anschauung erschwert. Das Kind kann dadurch keinen Realitätssinn ausprägen. Würde man statt »Luzius« den Namen »Herr Meier« und für »Helfius« meinetwegen den Namen »Herr Hofmann« einsetzen, oder würde man als Lehrer sogar so weit gehen, dass man sich die Freiheit nimmt und ein direktes Beispiel aus der Realität wählt, also einen bekannten Obstgärtner, so würde man damit unmittelbar das Interesse und die Aufmerksamkeit im Kinde wecken und eine Achtung und praktische, integrierfähige Anschauung für später vorbereiten. Es ist sehr wichtig, dass ein persönlicher Bezug beim Kinde entsteht, und dafür ist es notwendig, die Kinder mit zusammenhängenden und nachvollziehbaren Beispielen zu konfrontieren. Indem im Unterricht reale Namen gebraucht werden und die Anrede auch unbedingt gewahrt bleibt, entwickelt sich vom Kinde eine tiefere Ehrfurcht und ein natürlicher Respekt im persönlichen Verhältnis zum Lehrer. Es entwickelt sich dieser Respekt aber auch unmittelbar gegenüber der Materie und der Schöpfung. Wenn Rechenbeispiele »entpersonifiziert« werden und durch Comiczeichnungen, kindische Worte oder abstrakte, unzugehörige Ideengebilde scheinbar kindgerecht geschaffen werden, dann überfordert man das Kind unnötig und bringt Kräfte in Bewegung, die tatsächlich für das ganze spätere Leben eine Belastung sind. Eine persönliche Anrede und persönliche Namen in klarer Achtung gehalten, sind schon in diesen jungen Jahren eine Notwendigkeit der Erziehung.

Achten wir auch hier auf ein großes Zeitproblem. Alle Wege nehmen heute materielle Formen an. Der einzelne Bürger dieser Erde, vor allem hier in unseren westlichen Industrieländern, wird zu einem Massenmenschen. Er verliert seine Einzigartigkeit, er verliert seine Individualität, er besitzt keine rechte Persönlichkeit und kein persönliches Beziehungsverhältnis mehr zu anderen. Das hat einen großen Nachteil für das menschliche Miteinander und schließlich für die Gesamtheit der Gesellschaft. Aus diesen Gründen ist es unerlässlich, die persönliche Anrede zu bewahren, und es ist vor allem sehr wichtig, im Unterricht und auch im elterlichen Hause darauf zu achten, dass wir das Persönliche im Menschsein betonen, die Achtung im Zueinander fördern und vom Kinde eine gewisse Vornehmheit wie auch ein gewisses Benehmen in der Anrede verlangen. Wir sollten niemals Comicnamen benutzen und wir sollten vor allem nicht in rein kindische oder sentimentale Formen abgleiten. Indem wir die Kinder in einer klaren Haltung erziehen und ihnen die traditionellen Werte des persönlichen Lebens vorleben und auch im Worte klar entgegenbringen, tun wir ihnen für später einen sehr großen Gefallen.

XII

Zum Abschluss dieser Ausführungen wollen wir noch einmal auf eine pathologische Störung, die in unseren Tagen ausweglos überhandnimmt, zu sprechen kommen. Das ist das große Gebiet der Nervosität und der Konzentrationsschwäche. Die Nervosität ist ein Ausdruck der Überforderung und sie ist ein Ausdruck dafür, dass gewisse Kräfte im Nerven-Sinnes-System dominieren und die natürliche Leistung der Organe geschwächt werden. Weiterhin sind die Konzentrationsschwäche und die Nervosität die Ursache für die vielen schon in der Jugend oder manchmal sogar schon in der Kindheit beginnenden Haltungsprobleme. Die Haltung, die Nervosität und die Konzentration sind in einer sehr nahen Verbindung. Die Nervosität scheint heute ganz allgemein ein Problem unserer Zeit zu sein, in der die Wege des durchschnittlichen, mentalen Bewusstseins nach Gewinn und Erfolg trachten. Der Materialismus unserer Tage bringt dieses Problem der Nervosität direkt hervor. Weiterhin ist die Nervosität auch ein Problem der Entindividualisierung, oder wenn ich es etwas anders benenne, es ist das Problem des Vereinheitlichens aller Menschen. Wir sehen diese Vereinheitlichung beständig in den Bemühungen der Industriegesellschaft voranschreiten. Man sieht die Entpersönlichung an solchen Beispielen, wie wir sie gerade durchgegangen sind. Man sieht aber die Entpersönlichung oder den Verlust der Individualität in bedrohlichem Maße auch daran, dass man den Kindern keine wirkliche Verantwortung zumutet. Man gibt den Kindern heute einen Freiraum, den sie aber in Wirklichkeit nicht nützen können und bewahrt sie vor bestimmten Willensanforderungen und Belastungen. Man schützt den Willen direkt vor einer Beanspruchung und überfordert aber dennoch die Kinder mit einem Zugeständnis an Freiheit. Früher mussten die Kinder oftmals einen langen Weg zu Fuß in die Schule zurücklegen. Heute möchte man den Kindern einen Gefallen tun, indem man sie sogar zu der nahegelegenen Bushaltestelle mit dem Auto fährt. Man mutet den Kindern keine wirkliche Willensanforderung mehr zu. Es ist auch häufig der Fall, dass man die Kinder vor aller Arbeit und Mithilfe im Haushalt, Hof und Heim bewahrt. Diese Erleichterung ist nicht immer sehr förderlich für das kindliche Gemüt. Es werden die Stoffwechselkräfte zu wenig gefordert und somit in der Anlage zu wenig zum Wirken gebracht. Das Nervensystem wird aber durch Fernsehen und vielerlei Einflüsse beständig herausgefordert. Es ist günstig, wenn wir die Kinder an Arbeiten beteiligen und wenn wir den Kindern auch in einem vernünftigen Maße gewisse Märsche und Willensanforderungen auferlegen.

Betrachten wir aber das sehr komplizierte und weite Gebiet der Nervosität aus einem ganz anderen Blickwinkel. Die Nervosität ist von einer sehr unruhigen Stoffwechsellage gekennzeichnet. Die Stoffwechselorgane begeben sich in ein ungünstiges, intensives Strömen hinein bis in das Nervensystem. Man könnte sich bildhaft vorstellen, dass sie ganz einfach ihren Halt verlieren. Der Bauchraum verliert seinen gediegenen und festen Halt und beginnt schließlich das übergeordnete Steuerungssystem der Nerven zu überlasten und zu vereinnahmen. Durch diese ungehaltenen Kräfte entsteht der zappelige Charakter mit der beständigen motorischen Unruhe und dem steigenden Verlust an Konzentration. Diese Situation, die in den Bauchorganen ihren Ausgang nimmt, bemächtigt sich schließlich auch der gesamten Spannkraft der jungen Menschen. Das Nervensystem erschöpft in zunehmendem Maße und reagiert mit ungünstigen Zeichen. Die Erschöpfung wirkt sich auf die gesamte Haltung aus, und es ist möglich, dass die Haltung aus dieser Erschöpfung eine sehr starke Beeinträchtigung erhält. Der Knabe oder das Mädchen können nicht mehr in natürlicher Weise den Rücken frei aufrichten. Es wird das Nervensystem durch die Überlastungen mit der Zeit wie von einer Fremdsubstanz beschwert, die das ganze Leben einschnürt.

Wie entstehen solche Organüberreaktionen, und wie entstehen derartige Überforderungen, die bis hin zur Erschöpfung bei den Kindern führen? Diese liegen wohl in den materialistischen Denkformen und Denkgewohnheiten unserer gegenwärtigen Zeit begründet. Die Nervosität ist in Wirklichkeit ein Ausdruck für die Unfähigkeit zu Verehrung und Hingabe. Es ist wahr, dass wir in unserer Kultur die Verehrung und Hingabe überall auf allen Lebensgebieten ausschließen. Wer noch ein geringes Maß an Hingabebereitschaft, Ehrfurcht und Liebe zu etwas Größerem besitzt, wird heute schon als ein eigenartiger, unterwürfiger Bürger missachtet. Verehrung wird nahezu als Minderwertigkeit angesehen. Man versteht die Notwendigkeit von Verehrung, Ehrfurcht und einer wirklichen Hingabebereitschaft an ein größeres Sein nicht mehr. Schließlich ist auch die Verehrung im Sinne eines persönlichen Bedürfnisses von Mensch zu Mensch verpönt. Verehrung wird allgemein in der Religion nur unter ganz bestimmten Voraussetzungen zugestanden. Wenn aber das Heilige in einer Person Gestalt annimmt und verehrt wird, so wird man die Verehrung als sektiererisch und gefährlich verwerfen. Durch fehlende Ehrfurcht und durch die fehlende Verehrung können die Menschen unserer Zeit aber keine wirkliche Gedankenkraft entwickeln und keine wirklich persönlichen Beziehungen knüpfen. Die Verehrung ist die Grundbasis für die Gemeinschaftsbildung und für ein harmonisches Miteinander. Die Verehrung sollte sogar in den Familien mit einem gewissen inneren, natürlichen Sinn stattfinden. Die Verehrung sollte in der Regel immer den großen Persönlichkeiten entgegengebracht werden. Früher hatten bestimmte Personen einen großen Stellenwert im Dorf. Das waren der Priester, der Arzt und der Lehrer. Heute aber sind diese Berufe nichts Außergewöhnliches mehr, und man bringt ihnen auch keine Achtung mehr entgegen. Unserem Leben droht immer mehr ein unendlicher Zerfall des Persönlichen. Mit diesem Zerfall des persönlichen Würdegefühls entsteht weiterhin eine hoffnungslose Entfremdung. Es ist das Schwierigste für unsere Zeit, ein klares Beziehungsverhältnis und ein klares, persönliches Verhältnis zur Schöpfung zu entwickeln. Wirklicher Respekt und persönliche Achtung sind notwendig für jede Erziehung. Ohne diese Grundbasis der Verehrung, der Ehrfurcht und der Bereitschaft des Annehmens ist Erziehung nicht mehr möglich. Durch die Bereitschaft zum Annehmen und durch die Bereitschaft zur Hingabe wie auch durch natürlichen Gehorsam entsteht Ruhe, Geborgenheit und Frieden. Und der Stoffwechsel bleibt in seiner Harmonie.

Es ist eine der großen Aufgaben der Erziehung, dass wir zu den wahren Werten der Verehrung und der Ehrfurcht gelangen. Hierfür ist es sehr wesentlich, dass wir einerseits das persönliche Verhältnis schätzen, das wir als Erzieher zu den Kindern haben, und dass wir andererseits auch zu klaren praktischen Formulierungen gelangen, so dass die Kinder uns als Erzieher respektieren und schätzen können. Die Nervosität ist ein Zeitproblem unserer Tage. Sie lässt sich wirksam und sicher therapieren, wenn man wieder zu einem persönlichen und natürlichen Verhältnis in gegenseitiger Achtung gelangt.

Die Erziehung des Jugendlichen

Vortrag in Bad Häring, 17. November 1996

I

Nun beginnen wir in unserem dritten Vortrag mit der Erziehung des Jugendlichen im dritten Lebensjahrsiebt. Jedes Lebensjahrsiebt besitzt eine bestimmte Verhältnisstruktur, die eine ganz wichtige Aussage zwischen dem Erzieher und den zu Erziehenden in sich trägt. Im ersten Lebensjahrsiebt ist das Verhältnis vom Erzieher zum Kinde ein sehr inniglisches, ein sehr vertrautes, ein rein symbiotisches, ein helfendes und ein unmittelbar initiierendes. Der Erzieher ist Autorität und Helfer und gleichzeitig Beispiel und unmittelbarer Gegenstand der Erziehung selbst. Im zweiten Lebensjahrsiebt ändert sich dieses Verhältnis ganz entscheidend. Das Kind erwacht zu einem Bewusstsein von der Außenwelt und nimmt den Erzieher als eine Lehrerpersönlichkeit oder Autorität wahr. Der Erzieher wird hier zum Vorbild und er wird zu einem Ideal. Im dritten Lebensjahrsiebt beginnt nun aber ein ganz neuer, einschneidender Prozess, der wieder ein neues Beziehungsverhältnis zwischen dem Erzieher und dem Jugendlichen erfordert. Hier erwacht eine diesem Lebensabschnitt entsprechend große Triebkraft im Jugendlichen, die einer unbedingten Führung und einer gezielten Bahnung bedarf. Der Erzieher ist aber hier nicht mehr unmittelbar Autorität und Helfer auf dem Weg, er wird mehr zu einer Persönlichkeit, die dem Knaben oder dem Mädchen auf dem Weg eine entsprechende Leitlinie gibt und die Bahnen der weiteren Zukunft auf freie und doch gezielt geführte Weise eröffnet. Hier ist das Erziehungsverhältnis aus der Autorität in einem gewissen Sinne herausgelöst und gewinnt den Charakter von persönlicher Begleitung und von direkter, unmittelbarer und doch loser Bestimmtheit. Der Erzieher wird in der Regel vom Jugendlichen auch nicht mehr aufgrund seiner Position respektiert. Er wird mehr im Sinne einer Persönlichkeit geachtet, die mehr Festigkeit und mehr Kapazität im Leben besitzt als der Jugendliche selbst. Das Verhältnis im dritten Lebensjahrsiebt zwischen Erzieher und Jugendlichem ist sehr lose und dennoch auf ganz klare Weise fest und sicher. Wir könnten dieses Verhältnis wohl am besten beschreiben, wenn wir uns das Bild einer Klettertour vorstellen. Der Erzieher ist von Natur aus der eigentliche Führer, derjenige, der routiniert ist und die Verhältnisse bestimmt. Hier aber, im dritten Lebensjahrsiebt, zeigt er sich nicht mehr unmittelbar und direkt als der Führer. Er wird nun den Jugendlichen am Seil an die Spitze schicken, und er wird dem Jugendlichen damit einen größtmöglichen und weiten Erfahrungsraum gewähren. Er selbst wird nur derjenige sein, der von einer ruhigen Warte aus die Verhältnisse lenkt und bestimmt. So hat der Jugendliche einerseits einen Raum und kann seine Kräfte im Spiel der neuen Verhältnisse erproben, gleichzeitig aber hat er noch jene Sicherheit, die von dem Erzieher ausstrahlt. Der Erzieher ist in Wirklichkeit der Erfahrene und er lenkt die Verhältnisse, auch wenn er, bildhaft gesprochen, am Seil nicht mehr die Spitze und Führung übernimmt. Das Verhältnis in der Erziehung ist deshalb ein sehr bestimmtes, weises, introvertiertes und geordnetes.

Denken wir uns einmal in die Situation des Jugendlichen hinein und in sein Fühlen, wie es sich durch die neue Situation nun ausgestaltet. Dieses Fühlen ist plötzlich von einer enorm vitalen Triebkraft ergriffen. Es erwacht plötzlich jene Kraft, die wir als die Sexualkraft kennen. Es ist dies eine wahrhaftige Triebkraft, die nach Leistung und nach einer Aktivität ruft. In den folgenden Jahren, nach Einsetzen der Pubertät, entsteht ein erstes wirkliches Interesse an dem anderen Geschlecht, und es entsteht der Drang, dies ganz besonders bei Knaben, nach Reizbefriedigung und nach Erfüllung in der größtmöglichen Lust. Die Lust ist aber kämpferisch wie ein Löwe. Der Kampf ein Ausdruck der Individualität. Die Aktivität drängt hier nach einem intensivsten Persönlichkeitsgefühl. Es ist wahrhaftig im Fühlen und im Bemühen des Jugendlichen jene Triebkraft in einer Richtung tätig, die ein persönliches Gefühl im Inneren erringen und erfahren möchte. Weiterhin erwacht ein enorm aktives Interesse am Leistungsvergleich. Der Jugendliche möchte sich messen, er befindet sich in einem agonalen Prinzip, in einem beständigen Wettkampf mit gewissen anderen Personen oder mit bestimmten anderen Leistungsniveaus. Dieses agonale Prinzip, das jetzt erwacht, prägt das Fühlen und die Persönlichkeit dieses jungen, erwachsen werdenden Menschen.

Sowohl die Triebkraft als auch das aufflammende Leistungsstreben oder das nahezu unermüdliche Eifern, in der Diskussion oder im Gespräch zu siegen, kann durchaus als sehr unangenehm, überheblich und damit als böse von der Außenwelt empfunden werden. Es ist möglich, dass man hier dem Jugendlichen einen gewissen Stolz nachsagt. Sicherlich ist es nicht von der Hand zu weisen, dass hier Kräfte frei werden, die eitel und arrogant sind, und dass vielfach eine aufdringliche Wesensnatur dieses junge Gemüt zeichnet. Es ist aber wichtig zu wissen, dass diese junge Wesensnatur diese enorme Triebkraft benötigt, und dass sie, wenn sie in die rechten Bahnen gelenkt wird, einen tieferen Sinn erfüllt. Hier prägt sich in Wirklichkeit eine Schöpferkraft für die ganze weitere Zukunft aus. Wäre nicht ein gewisses stolzes oder überhebliches Empfinden in der Aktivität des Jugendlichen zu spüren, so würde ihm damit eine gewisse Entfaltungsmöglichkeit tatsächlich fehlen.

Weiterhin erwacht in der Regel mit dieser starken Triebanlage, die sich mit der Pubertät freisetzt, jener kaum begreifbare, unermüdliche Eifer und eine vitale, expandierende Arbeitskraft. Hier entscheidet die Erziehung darüber, ob diese Kräfte einigermaßen sinnvoll in Bahnen gehalten werden und zu einer produktiven, schöpferischen, kreativen oder allgemein verantwortungsvollen Tätigkeit kommen oder ob sie in unangenehmen, zerfließenden und nichtssagenden Aktivitäten enden. Der Jugendliche, wenn er in einem gesunden körperlichen Zustand ist, kann hier außergewöhnliche Leistungen bringen. Er kann ganze Nächte hindurch unterwegs sein oder kann unglaublichen Eifer für sportliche Aktivitäten, für bestimmte, für ihn interessante Tätigkeiten und Hobbys entwickeln. Dieser Eifer und diese Leistung sind in Wirklichkeit eine günstige Anlage. Nur ist es entscheidend, wie und wo diese Kräfte ihren Weg finden und welche Dimension sie dadurch für die ganze spätere Zukunft vorbereiten.

Der Jugendliche besitzt in der Regel immer eine spezifische Vorliebe für Aktivitäten. Er liebt beispielsweise sportliche Aktivität, oder er liebt bestimmte künstlerische Fachbereiche, oder er liebt eine bestimmte Berufsrichtung, oder er liebt Poesie und Sprache, die er unbedingt erlernen möchte. Die Vorlieben und Neigungen sollten aber nicht mit Schwärmereien, wie es beispielsweise die Verehrung von Fußballstars ist, und idealistischen Träumereien verwechselt werden. Hier sollte eine Aufmerksamkeit von seiten der Eltern oder Erzieher für die Vorlieben des Jugendlichen erfolgen. Die vitalen Neigungen sollten niemals ganz unterdrückt werden, sie sollten im bestmöglichen Sinne sogar eine Förderung durch die Erziehung erhalten, denn mit den Geschicklichkeiten und leidenschaftlichen Vorlieben ist ein Geheimnis aus dem vergangenen Dasein im jungen, heranwachsenden Menschen verbunden. Dieses Geheimnis soll hier einmal näher beleuchtet werden.

Mit dem dritten Lebensjahrsiebt und mit dem Kommen der enormen Sexualkraft, die dieses dritte Lebensjahrsiebt in allen Teilbereichen zeichnet, erwacht in Wirklichkeit die Saat einer vergangenen Mutterhülle. Man könnte sagen, es erwacht ein gewisses Keimgut, das aus einem früheren Dasein kommt. Dieses Keimgut aus einem früheren Dasein muss sich noch einmal in das Leben hinein entfalten. Hier sucht der Jugendliche mit Vorliebe nun bestimmte Fachbereiche auf und entwickelt eine Antriebskraft und ein enorm tiefes Interesse für sein Gebiet. Hier möchte er weit werden, er möchte Erfahrungen sammeln und Abenteuer erleben, und er möchte lernen. Er möchte seine Persönlichkeit finden. Nun ist es wichtig zu wissen, dass der Jugendliche in diesem Lebensjahrsiebt nicht zu starke Einschränkungen erhalten darf. Er muss sich sein Interessensfeld tatsächlich entsprechend ausgestalten und durch wirkliche Spannkraft seine Persönlichkeit erbauen. Die Zeit im dritten Lebensjahrsiebt ist die Expansion im Wesen der Selbstbestätigung. Das dritte Lebensjahrsiebt erfüllt seinen Sinn in dieser ersten Bestätigung des persönlichen Selbst.

Erinnern wir uns einmal an diese vergangene Zeit unserer Jugend. Die Jugend war gekennzeichnet von einem unbewusst waltenden Antrieb. Wir waren uns sicherlich unserer Taten und unseres Tatendranges nicht bewusst. Wir konnten auch sicherlich nicht feststellen, woher diese enorme Stoffwechselfülle und die unermüdlich drängende Willenskraft kam. Die Tatenfülle und die Antriebskraft waren in eine unbewusste Vitalhülle gekleidet. Die Vitalkraft führte uns vielleicht zu außerordentlichen Leistungen oder zu jenen leidenschaftlichen Unternehmungen, die uns heute fast frech und kühn erscheinen. In diesem Lebensjahrsiebt lebt tatsächlich ein feuriger Keimesfunke der Persönlichkeit, die einen geheimnisvollen Charakter besitzt. Dieser Persönlichkeitsfunke, diese Feuerkraft im Innersten kann vielleicht von der Außenwelt als überheblich empfunden werden, aber sie kann auch ganz gezielt im positiven Sinne zu prägnanten Künsten und Leistungen führen und ein Selbstwertgefühl hervorbringen, das zur Selbstbestätigung wird. Der Jugendliche fühlt sich in mancher Hinsicht frei von Furcht, er fühlt sich stark, und er kann auf bestimmten Gebieten Geschicklichkeiten entfalten, die weit über die Fähigkeiten von Erwachsenen hinausgehen. Ein feuriger Keimesfunke webt in der innersten, jungen, heranwachsenden Persönlichkeit und bringt auch ein Gefühl der Überlegenheit. Dieses überlegene Gefühl existiert tatsächlich im Innersten der Seele.

Nach dem Ausklingen der Pubertät aber entschwindet dieser Feuerfunke wieder und oftmals entwickelt sich dann eine Krisensituation. Mit dem Beginn des vierten Lebensjahrsiebtes kommt ein neuer Keimesfunke in die Geburt. Das Alte, die Feuerkraft der Persönlichkeit geht ganz plötzlich wieder verloren. Kehren wir aber mit unserer Aufmerksamkeit wieder zu der Erinnerung an unsere Jugendzeit zurück, wie wir das Verhältnis zu unseren Lehrern und unseren Vorgesetzten in den ersten Jahren des Berufslebens bestimmten. Unser Verhältnis zu Lehrern, zu Persönlichkeiten, auch durchaus zu den Eltern, war wohl in den meisten Fällen immer von einer spielerischen Art des Denkens und Fühlens geprägt. Die Lehrer wurden oftmals karikiert und in dem Gefühl von Überlegenheit belehrt und verbessert. Vielleicht sind diese Scherze manchmal in übermäßige Streiche entartet, die ungesunde oder unschöne Folgen mit sich brachten. Jedenfalls ist in dem Gemüte des Jugendlichen noch nicht wirklich ein Denken, das über Gut und Böse urteilt, geboren. Der Jugendliche fühlt sich in der Zeit der Pubertät noch von den moralischen Wertprinzipien frei. Er spielt sich mit seiner Umgebung. Er misst sich im Leistungswettbewerb, aber er verurteilt noch nicht wirklich. Somit lebt eine gewisse Reinheit im Gemüte, und es lebt vor allem noch eine Art Leichtigkeit und Freiheit. Dieses leichte, freie, gewagte, manchmal überhebliche, eifrige, ehrgeizige oder spielerische Empfinden zeichnet die Jugendzeit.

II

Dieser wichtige Lebensabschnitt der Jugend ist hervorragend zum Erlernen eines Berufes geeignet. Etwa ab dem vierzehnten oder fünfzehnten Lebensjahr sollte eine gewisse Fachrichtung im Studium oder in der Berufsausbildung eingeschlagen werden. Die enormen Triebkräfte, die hier in dieser Jugendzeit das Leben bestimmen, können am sinnvollsten ihren Nutzen finden, wenn sie in die Richtung der Berufsausbildung gelenkt werden. Der Beruf ist ein Grundbaustein für die weitere Zukunft. Hier stellt sich das Thema der Berufswahl und der Berufsrichtung, die wir als Erzieher dem Jugendlichen weisen. Damit wir hierfür die Befugnis erwerben, müssen wir über einige Kenntnisse verfügen, wir müssen den Jugendlichen in seiner Weltenbeziehung einigermaßen beurteilen können. Jeder junge Mensch hat eine bestimmte Anlage, eine bestimmte Neigung. So gibt es jenen, der in der Mathematik und mit dem logischen Denken großartige Leistungen vollbringen kann, und ein anderer ist sprachlich zu erstaunlichen Gewandtheiten imstande. Der eine liebt das Handwerk, der andere liebt die Logik, die Philosophie, die Architektur oder die Physik. Jeder junge Bürger hat gewisse Anlagen und Neigungen. Vielleicht mögen sie bei manchen noch sehr schwer erkennbar sein, aber bei jedem drängen sie zur Entfaltung.

Die Berufsausbildung nach bestmöglicher Wahl ist hier sehr wichtig, denn darin entwickelt sich eine charakteristische Persönlichkeitsstruktur. Ein Beruf sollte dem Jugendlichen nicht aufgedrängt werden. Der Weg, dass der Vater den Beruf für den Sohn auswählt, ist ja weitgehend heutzutage nicht mehr gangbar. Der Beruf muss den Neigungen und Fähigkeiten des jungen Menschen möglichst nahekommen. Die Eltern oder verantwortlichen Erzieher sollten ganz besonders darauf achten, dass der Jugendliche hier eine Erfüllung findet. Er sollte sich in seinen Beruf hineinfinden und hineinleben. Dieses Hineinfinden in den Beruf ist gleichzeitig auch ein Hineinfinden der Persönlichkeit in das Leben. So, wie ein kleines Kind im ersten spielerischen Ertasten die Materie erkundet und erforscht und sich damit in eine neue Welt hineinlebt, so ist es für den Jugendlichen nun auf einer ganz anderen Ebene ein neues Hineinleben in die Materie. Hier wird die Persönlichkeit in das Leben inkarniert. In den werkschaffenden, produktiven Schöpferkräften, die in der Berufsbildung ihre Ausgestaltung finden, kann sich eine gesunde Spannkraft, Aktivität und Einordnung für das ganze weitere Leben ausformen. Hier entwickelt sich eine rationale, geordnete und zu praktischen Taten fähige Persönlichkeitsstruktur.

Weiterhin entwickelt sich, körperlich gesehen, eine gesunde Spannkraft in der Wirbelsäule und, psychisch gesehen, eine tatsächliche, aktive

Schöpferkraft. Dieses ganze Lebensjahrsiebt ist gekennzeichnet von einer weiten Spannkraft. Die sich entwickelnde Persönlichkeit, die ihren Maßstab und ihre Einordnung in die Gesellschaftsstruktur sucht, bestimmt sich durch dieses beständige Suchen von Konfrontation mit der Außenwelt und vor allem durch die wettkampfartige Aktivität im Sich-Spielen mit der Außenwelt. Dies ist sogar im Berufsleben, im Umgang mit der Materie der Fall. Es ist günstig, wenn der Jugendliche einen realen Kontakt und einen wirklichen Berührungspunkt mit der Materie findet, der ihn auf das Äußerste herausfordert. Die Materie ist sein Gegner. An diesem Gegner kann er seine Kräfte messen und somit Einordnung und sein Maß für die spätere Zukunft finden. Es kann sein, dass er die Materie des Holzes für seinen Beruf wählt. Der Jugendliche wird hier seine Kräfte erproben, wird Leistungen erbringen und wird in der beständigen Aktivleistung Grenzen überschreiten, die ihn schließlich zu einem guten Handwerker und brauchbaren Arbeiter für das Leben vorbereiten. Die Persönlichkeit, die in diesem Lebensjahrsiebt herangebildet wird, entsteht aus einem agonalen Prinzip, aus einem sehr aktiv-lebendig und schöpferisch geformten Spannungsverhältnis. Dieses Spannungsverhältnis entwickelt der Jugendliche einmal in persönlichen Begegnungen, und er entwickelt es aber auch im Spiel mit der Materie.

III

Von den Eltern ist für den Jugendlichen hier in diesem Lebensabschnitt nun eine große, mutige Erziehungsleistung gefordert. Die Eltern bedürfen unbedingt eines weiten Blickes und vor allem der eigenen Freiheit und Unabhängigkeit. Diese eigene Freiheit und Unabhängigkeit äußert sich darin, dass die Eltern nicht mit Angst und Sorge die Kinder oder, besser gesagt, die erwachsen werdenden Knaben und Mädchen festhalten. Die Eltern können hier die größten Fehler begehen, wenn sie den Jugendlichen einschränken wollen, und sie können vor allem damit den Entfaltungsraum für das ganze spätere Leben mit Angst und Sorge überschatten. So ist es notwendig, dass einerseits eine Loslösung gewährt wird und andererseits aber dennoch Führung und Forderungen an den Jugendlichen herangetragen werden.

Nehmen wir hierfür ein praktisches Beispiel zur Verdeutlichung dieser nach Unabhängigkeit und Weite verlangenden Erziehungsanforderung heraus. Die Eltern müssen von dem Jugendlichen eine Entscheidung zu einem Beruf erwarten. Sie müssen ihn dazu auffordern und notfalls sogar unter einen gewissen Druck setzen, damit der Jugendliche tatsächlich einen ordentlichen Beruf für das Leben lernt. Gleichzeitig aber müssen sie aus ihrer weiten Sichtweise dem Jugendlichen einen Freiraum in der Wahl und in der Ausübung oder im Erlernen dieses Berufes gewähren. Sie dürfen die Forderung nach einer Berufswahl an ihn herantragen, aber sie dürfen ihn dabei nicht ständig beeinflussen. Der Jugendliche erhält eine weite Wahlfreiheit und einen weiten Gestaltungsraum für seinen Beruf, aber er erhält keine vollkommene Willensfreiheit.

Die Erziehung im dritten Lebensjahrsiebt ist für die Eltern oder für die Lehrer immer mit einer sehr großen Spannung verbunden. Wir werden wieder sehen, dass die Erziehung für das dritte Lebensjahrsiebt mit einer eingehenden und intensiven Selbsterziehung verbunden ist. Diese Selbsterziehung ist aber nun ganz anders und von einer sehr charakteristischen Eigenart. Indem wir den Jugendlichen auf seinem Weg führen, müssen wir uns selbst über einige innere Beziehungsebenen, die wir zu unseren erwachsen werdenden Kindern haben, klar und bewusst werden. Diese inneren Beziehungsverhältnisse wollen wir einmal genauer schildern. Betrachten wir zunächst aber dieses Spannungsverhältnis, das beim Jugendlichen ganz besonders vom fünfzehnten bis vielleicht zum neunzehnten Lebensjahr hervortritt. Die Jugendlichen wollen eine Spannung erleben, sie wollen in ihrer körperlichen wie auch psychischen Anlage Forderungen erhalten. Sie wollen sich messen und im Wettkampf ihre Persönlichkeit entfalten. Die jungen Mädchen oder auch die jungen Knaben haben viele Ideen und wollen diese Ideen nun in das Leben hineinbringen. Hier ist es günstig, wenn der Vater die Kinder durchaus einmal auffordert, verschiedene Aktivitäten auszuüben, beispielsweise, dass er den Sohn zum Alpenverein schickt und ihn damit zum Teilnehmen an den Veranstaltungen ermuntert. Oder er schickt die Tochter für eine Woche oder auch zwei in das Ausland, damit sie dort die Fremdsprache besser lernt. Die Jugendlichen benötigen diese Anforderung und sie benötigen unbedingt lockere Zügel zur Entwicklung ihres Berufslebens oder ihrer Fähigkeiten. Diese Zügel werden weit und locker gehalten, aber nicht vollständig losgelassen. Auch benötigen die jungen heranreifenden Menschen tiefe Liebe und Geborgenheit von Seiten der Eltern. Aber sie werden bewusst in das Leben hinausgeschickt um des Lernens und um der Erfahrung willen. Gut ist es zu wissen, dass die Leistungen und Anforderungen, die dieses Lebensjahrsiebt unmittelbar selbst durch die Persönlichkeitsentfaltung mit sich bringt, nicht ganz in den Sport allein hineinverlagert werden dürfen. Sportliche Leistungen alleine würden hier nicht genügen. Der Wettkampf, das agonale Prinzip entfaltet sich in der Begegnung mit der Materie unmittelbar oder vor allem auch in der Begegnung mit anderen Menschen. Das agonale Prinzip ist mehr ein inneres Spannungsverhältnis, das nicht in einseitiger sportlicher Leistung erfüllt werden kann.

Der Jugendliche sollte zwischen seinem fünfzehnten und seinem neunzehnten Lebensjahr, also bis hin zum Ende oder Abschluss des Wachstums, mindestens einmal eine Leistung vollbringen, die ihn in jeder Hinsicht, also psychisch und physisch, übersteigt. Warum sollte solch eine Grenzerfahrung oder solch eine wirklich übersteigerte Leistung gerade hier eintreten? Die Grenzerfahrung hat eine tiefe und wichtige Bedeutung für die Persönlichkeitsentwicklung. Die Grenzerfahrung wäre für das erste und zweite Lebensjahrsiebt sehr schwerwiegend und belastend; jetzt aber in dem dritten Lebensjahrsiebt nimmt sie eine ganz wichtige Bedeutung ein. Indem ein Jugendlicher im Beruf eine umfassende Verantwortung wenigstens für einige wenige Stunden oder wenige Tage übernehmen muss und dabei sich selbst in seinem Können übersteigt, oder indem ein junges Mädchen in Heim und Haushalt oder auch im Erlernen des Berufes eine ungewöhnliche Leistung erbringen muss, Verantwortung übernimmt und damit ihre eigenen Grenzen transzendiert, wird eine Anlage geboren, die für später in der gesamten Denkstruktur und Denkweise sehr viel positive Kraft bewirkt. Freilich sollte dieses Grenzüberschreiten nicht der Maßstab und die Methode der Erziehung sein. Das Grenzüberschreiten beschränkt sich auf bestimmte Situationen. Der Erzieher wird aber mit einem inneren Auge darauf achten, dass er wenigstens einige wenige Male dieses Grenzüberschreiten oder dieses bewusste Übersteigen der persönlichen Fähigkeiten beim Jugendlichen fördert. Er wird ihm eine Verantwortung aufladen, die dieser nur unter größtem Einsatz und unter wirklicher Geschicklichkeit mit weitester Aufmerksamkeit leisten kann. Dadurch entwickelt sich eine freie und weite Urteilskraft, die größer ist als diejenige des gebundenen Intellektes.

Betrachten wir einmal die Art und Weise des Denkens, wie sie gewöhnlich im Leben ist. Das Denken ist in der Regel immer verbunden mit gewissen Emotionen oder mit einem gewissen Streben nach Sicherheit. Das Denken ist mehr reflexiv und meist auf die eigene Subjektivität und auf die subjektiven Erfahrungen begrenzt. Dieses Denken, das wir gewöhnlich im Leben durch die natürlichen Bedingungen der Erziehung und durch die natürlichen Verhältnisse der verschiedenen Nerven-Sinnes-Einflüsse entwickeln, bleibt aber damit sehr eng und sehr stark an die leibliche Erbmasse verhaftet. Durch die Grenzerfahrung und besonders aber durch das Überschreiten der Grenze entsteht ein Gefühl des Selbstbestätigtseins. Indem eine Grenze überschritten wird, kann ein Gedanke erfasst werden, der leibfrei ist oder, besser ausgedrückt, sich in eine unendliche Weite unabhängig von der eigenen Erbmasse entwickelt. Dieses Denken in Unabhängigkeit vom Leibe ist ein Ergebnis einer wirklich bewältigten Anforderung im dritten Lebensjahrsiebt. Die typischen Ängste wie die Depressionen oder auch die Formen, die man als schizoide Angst oder zwanghafte Anlage bezeichnet, können nicht mehr in dem Maße Macht über die Persönlichkeit entfalten, wenn jene Grenzerfahrungen im dritten Lebensjahrsiebt eintreten. Somit hat das Denken durch diese förderlichen Aktivitäten eine Weite erfahren und kann sich in der Zukunft günstig für die Integration im Leben erweisen. Das dritte Lebensjahrsiebt ist somit charakteristisch für die Entwicklung einer gesunden und weiten Urteilskraft, einer weiten Freiheit im Denken, einer Geschmeidigkeit und Spannkraft in der Persönlichkeit und einer Sympathie in der Art und Weise, wie man zu seinen Mitmenschen in Beziehung tritt. Die Unabhängigkeit ist ein Zeichen dieses dritten Lebensjahrsiebtes. Sie entwickelt sich in der Weite des ersten Selbstwertgefühls.

Die Erziehung der Jugendlichen erfordert von den Eltern tatsächlich eine große Kapazität an Mut und gleichzeitig einen Glauben, ein Wissen und ein feines Beurteilen der inneren Prinzipien der Seele und ihrer Zusammenhänge. Die Erziehung von den Eltern ist in diesem Sinne wahrhaftig eine Selbsterziehung und gleichzeitig ein Studium, das weisheitsvolle Geschicklichkeit und Verantwortung erfordert. Wir können hier in diesem Altersabschnitt von einem besonderen Beziehungsverhältnis sprechen, das die Kinder oder Jugendlichen zu den Eltern haben. Die Jugendlichen sind durch das Band des Erbes mit ihren Eltern verbunden. Sie werden niemals ganz von diesem Band gelöst sein. Dennoch aber erfordert die rationale Persönlichkeitsentwicklung eine größtmögliche Loslösung und eine weiteste Freiheit in der individuellen Gestaltung. Die Kinder leben nicht wirklich gemäß der Wünsche und Forderungen der Eltern. Vor allem leben sie nicht nach den gleichen Grundprinzipien. Sie sind unverwechselbare Individualitäten, und sie werden in ihrer Originalität ganz eigenständige, erwachsene Menschen. Die Eltern aber haben in den meisten Fällen immer eine stille Sehnsucht und damit meist eine unausgesprochene Forderung an ihre Kinder. Diese Forderung, die aber aus der eigenen Wunschwelt eine Art Sehnsucht und Projektion darstellt, behindert den individuellen Entfaltungsweg der jungen Knaben und Mädchen. Deshalb ist die Erziehung in erster Linie eine Selbsterziehung für die Eltern. Je freier die Eltern sind und je reiner das Ziel zu Gott ausgerichtet ist, desto mehr werden die Jugendlichen eine tiefe Kraft und Führung entfalten. Das Band zwischen Eltern und Jugendlichen ist subtil weit und immerfort bestehend. Dieses Band schwingt in der richtigen Melodie, wenn die Eltern von ihren materialistischen und unmerklichen und doch insgeheim bestehenden Forderungen nach eigener Sicherheit frei werden. Die Eltern benötigen Mut zur Erziehung und Mut zur Entwicklung ihrer eigenen, reinen Individualität, damit sie den Kindern den weitesten und größtmöglichen Freiraum in der persönlichen Entfaltung gewähren können. Dies ist eine tiefe und wichtige Bedeutung in diesem dritten Lebensabschnitt, mit dem sich eine erste Persönlichkeit beim Jugendlichen entfaltet.

Die Bedeutung einer religiösen Selbsterziehung als Grundlage zur Charakterbildung in der Persönlichkeit und einer verantwortungsvollen Kindererziehung.
Wie wirken Eltern auf ihre Kinder?

Vortrag in Biel, 16. Juni 1998

Die Selbsterziehung ist das Thema für den heutigen Abend. Die Selbsterziehung steht in einer gewissen Weise den sogenannten Methoden der experimentellen Psychologie konträr gegenüber oder allgemein den verschiedenen pädagogischen Ansätzen, die wir an Schulen, an Erziehungsheimen und in unserer sozialen Kultur pflegen, denn die Selbsterziehung richtet sich an ein geheimnisvolles Wesen, an ein inneres Wesen, das in uns selbst ist und doch so subtil oder so fein gelagert ist, dass wir es mit einer äußeren Pädagogik oder äußeren Methode gar nicht richtig erfassen können. Es scheint heute sogar der Fall zu sein, dass die vielen Versuche auf den Gebieten der experimentellen Psychologie oder allgemein des pädagogischen Arbeitsfeldes diese innere Natur der Seele und den Werdegang der Seele, die ihren eigenen Gesetzen unterliegt, fast ersticken. Nach einem Erziehungsideal betrachtet, sollten aber die Seele und die methodisch-didaktische Vorgehensweise eine Art Waage beschreiben. Die Waage zwischen jenen zusammengehörigen Polen beschreibt ein Gleichgewicht zwischen Innen und Außen und zwischen wärmendem Wachstum und weisheitsvoller Ordnung.

Wenn wir die Selbsterziehung einmal nehmen und sie vergleichen mit den verschiedenen psychologischen Ansätzen, mit den Methoden, die wir praktizieren, dann können wir den Vergleich ganz einfach hier ansprechen, der in der Kunst gegeben ist, in der Malerei. Der Maler benötigt Pinsel, Leinwand, Farben, er braucht ein Handwerkszeug, eine Ausrüstung allgemein. Das Handwerk wäre aber noch sehr wenig, wenn in dieses Handwerk nicht tiefere Imaginationen, tiefere innere Empfindungen über die Weltschöpfung oder über die Natur, über die Realität oder über das Wesen der Seele hineinfließen würden. Die Kunst wäre eine sehr dürftige Kunst, wenn sie nur aus Farben und aus den äußeren Nachahmungen entstehen würde. So ist dasjenige, was in die Kunst hineinfließt, das, was der Einzelne hineinbringt in seine Arbeit, von einer sehr subtilen Art und auch von sehr individueller Prägung. Es unterliegt dem Erziehungsprozess, den wir selbst bei uns leisten. So, wie wir uns selbst erziehen, so werden wir auch nach außen hin wirken durch die verschiedenen pädagogischen Methoden oder durch die verschiedenen Arbeitsgebiete. Sind wir Lehrer in der Schule, so wirkt durch uns eine subtile Kraft in der Seele und drückt sich aus in dem entsprechenden Fachgebiet. Das Fachgebiet aber ist von einem relativen Wert, während dasjenige, was in der Seele des Einzelnen lebt, von viel wichtigerer Bedeutung, oder sagen wir so, von primärer Bedeutung ist. Heute aber geht die Waage zu Gunsten des pädagogischen oder methodisch-didaktischen Feldes mehr nach unten. Dort werden die Gewichte gelagert, während auf die Natur der Seele und den Werdegang der Seele sehr wenig Rücksicht genommen wird, beziehungsweise sehr wenig brauchbare Ansätze erfolgen, damit sie in die rechte Integration, in die rechte Stimmung, in die rechte Beziehung zum Leben kommt. Die Selbsterziehung wäre, vielleicht vom Wort her am einfachsten zu benennen, eine Erziehung, die wir bei uns selbst ganz praktisch, ganz konkret leisten müssen, denn es wird heute doch wohl jeder vernünftig denkende Mensch wissen und vertreten können, dass eine Theorie, die er seinem Zögling beibringen möchte, ohne Substanz, ohne Überzeugungskraft und ohne Autorität ist, wenn er vorher bei sich nicht den entsprechenden Überwindungs- und den entsprechenden Realisationsschritt geleistet hat.

Vielleicht kennen Sie zu diesem Thema verschiedene Geschichten. Eine Geschichte hat man über Mahatma Gandhi, den indischen Weisheitslehrer erzählt. Seine Frau sagte einmal: »Bringe du doch den Kindern endlich bei, dass sie nicht immer so viel naschen sollen.« Mahatma Gandhi sagte drei Tage nichts. Erst nach drei Tagen erzog er seine Kinder zu dem entsprechenden Verhalten und brachte ihnen eine bessere, umgängliche Qualität des Essens bei. Da fragte ihn seine Frau vorsichtshalber: »Warum hast du denn drei Tage hierfür gebraucht?« Die Antwort, Sie werden sie sicherlich kennen, von solch einer Geschichte ist: »Ich habe selbst erst das Zuckeressen sein lassen müssen.« Es ist eine sehr einfache Geschichte, eine sehr treffliche Geschichte und sie bezeichnet in der Aussage wohl eine ganz logische Angelegenheit, wenn wir unser Erziehungssystem betrachten. Diese einfache Selbstkritik dürfte wohl einen Eckstein in der Erziehung darstellen. Die Selbsterziehung ist heute aber kompliziert und sie ist nicht nur auf die Überwindung von gewissen negativen Charaktereigenschaften ausgerichtet, sondern sie beruht durchaus mehr noch als früher auf der Entwicklung eines gewissen reineren oder freieren Denkens, eines reineren, klareren, erfüllteren Fühlens, damit wir überhaupt die rechte Autorität für unsere Kinder oder für unsere Mitmenschen, die in entsprechender Weise uns anvertraut sind, darstellen können. Für eine rechte Selbsterziehung genügt es heute noch nicht, oder es wäre noch zu dürftig, zu wenig ausgesagt, wenn die Selbsterziehung rein auf der Überwindung von einigen negativen Merkmalen in der Seele oder in unserem Charakter beruhen würde. Heute ist der Mensch, wenn wir das allgemein auf breiteren Ebenen beobachten, in einer Art schweren Schwellensituation oder Krisensituation, in einer Situation, wo er sehr viele Kompensationen sucht und sehr viele Reize heranführen muss, damit er überhaupt noch einigermaßen in seiner Innenwelt erfüllt ist und damit er auch einigermaßen eine Individualität oder ein Selbstbewusstsein aufrechterhalten kann. Wir sind heute in einer schwierigen Zeit angelangt, die durchaus als materialistisch zu benennen ist, aber gleichzeitig auch vom Materialismus immer mehr Abstand nehmen möchte. Es zeigt sich sehr viel Unerfülltheit in der Seele und es zeigen sich sehr viele Stimmungen, die die natürliche Erziehung, das natürliche In-Beziehung-Treten zu den Mitmenschen immer komplizierter machen. Somit ist die Erziehung heute ein reiches Arbeitsfeld geworden, das viel mehr Aufmerksamkeit und feinere Blicke benötigt als früher, zu Zeiten, in denen man sich noch gar nicht so sehr um den Begriff »Pädagogik« gekümmert hat.

Für den Anfang und unsere doch mehr laienhafte Situation gibt es eine ganz interessante Übung, damit Sie eine kleine Einführung oder eine erste Vorstellung davon erhalten, wie heute die Seele eingestimmt werden sollte, damit ein erfüllteres Leben, ja, ein mehr integrierfähiges und durchwärmtes, seelisches Dasein entstehen kann. Ich will einmal eine einfache Seelenübung, und es ist der Begriff »Seelenübung« hier recht charakteristisch, an Sie heranführen, damit Sie diesen so feinen Erfahrungsunterschied vielleicht erahnen oder auch bemerken können, der damit verbunden ist, wenn wir uns entsprechende Vorstellungen bilden über unser Menschsein und über das Wesen des Selbst, über das Wesen der Individualität, über das Ich-Wesen von uns selbst und über das Ich-Wesen des anderen. Nehmen wir einmal eine vergleichende und typische Seelenübung heraus und praktizieren sie für einige wenige Minuten. Damit schaffen Sie eine erste Gefühlsandeutung und eine vielleicht annähernde Erfahrung und Sie können sich so zumindest eine Vorstellung bilden.

Sie wissen alle von der Theorie des Darwin, der die Abstammungslehre oder das menschliche Wesen mehr vom Tier durch Selektion abstammend definiert. Diese Lehre Darwins wird eigentlich noch recht häufig in unserer Zeit gebraucht oder zumindest sind diese Grundsätze in unseren Schulen, in unseren Erziehungsmodellen in irgendeiner Form noch recht typisch verankert. Betrachten Sie bitte einmal folgende Aussage, nur einmal als als gedankliche, mentale Vorstellung: »Der Mensch stammt vom Tier ab.« Sie können auch eine weitere mentale Vorstellung als ein Bewusstsein noch hinzunehmen, wenn wir mehr von dem Dogma, das allgemein in der Religion gelehrt wird, ausgehen, das besagt: »Die menschliche Seele wird gezeugt mit dem Körper. Sie hat vorher kein Bestehen, sondern sie wird gezeugt mit dem Körper.« Wenn Sie diese Vorstellung noch hinzunehmen, so ist sie, obwohl sie nicht der Lehre Darwins entspricht, ebenfalls sehr prägend für unsere Art des Denkens. Diese beiden Sätze sollen einfach nur eine Vorstellung sein. Bei jeder Vorstellung hat man Empfindungen, man hat nahezu wahrheitsweisende Empfindungen, die mehr in die Stille der Innenwelt hineingleiten, die aber meist sehr subtil sind und oftmals ungehört bleiben. Je klarer eine Vorstellung wird, desto mehr wird man auch bemerken, dass eine Vorstellung nach innen jeweils eine ihr angemessene Empfindung freisetzt. Wenn Sie dann nach einigen wenigen Minuten von diesen ersten Vorstellungen weitergehen und sich die folgende Vorstellung im Vergleich dazu wieder ganz natürlich mental in das Gedächtnis rufen, werden Sie sicherlich eine andere Empfindung erfahren. Diese nächste Vorstellung lautet: »Die Seele kommt immer mehr herein aus geistigen Welten und sie sucht sich ihre Selbstoffenbarung in einem physischen Körper.« Nehmen Sie diese Vorstellung nun einmal vergleichsweise. Die Seele schafft sich einen Ausdruck, einen Selbstausdruck durch den physischen Körper. Sie besteht aber schon bevor der physische Körper besteht. Sie wird nicht gezeugt mit der Empfängnis oder stammt nicht von einer Tierseele ab, sondern sie kommt aus geistigen Welten und schafft sich nur den äußersten, physischen Ausdruck ihres eigenen Wesens. Lassen Sie diese beiden Vorstellungen einmal in die Innenwelt hineinklingen. Es sind sehr unterschiedliche Vorstellungen.

Es ist nicht das Ziel, dass ich Ihnen jetzt einen Glauben herbeiführen möchte von dieser oder von jener Theorie, denn zunächst sind diese beiden Aussagen nur einmal Theorien. Es ist also nicht ausschlaggebend für die Angelegenheit unserer Erörterung, was jetzt wahr ist, was die letztendlich gültige Wahrheit sein wird, sondern ausschlaggebend ist nur, wie unterschiedlich die Empfindungen wirken: Die erste Vorstellung »Die Seele wird mit der Empfängnis gezeugt«, und die zweite, »Die Seele kommt herein und schafft sich durch den Körper einen Ausdruck ihres eigenen Wesens. Die Seele ist aber der primäre Teil und sie hängt grundsätzlich nicht vom Körper ab. Sie schafft sich nur den Ausdruck hinein in den Körper.« Sicherlich ist es jetzt schwer für Sie, wenn Sie zum ersten Mal mit solch einer Übung konfrontiert werden und mit den bei mir gelehrten Seelenübungen bisher noch keine Erfahrungen gesammelt haben. In diesem Fall ist die sich dabei freisetzende Empfindung noch schwer zu hören und noch schwer wahrzunehmen. Ich will einmal beschreiben, wie sich die Empfindung anfühlt, wenn man einigermaßen eine Routine auf dem Gebiet entwickelt. Die rechte Wahrnehmung, die man entwickelt, beruht auf einer Freiheit von Vorurteilen und einer Freiheit von Vorlieben und damit auf einer Freiheit von sogenannten Projektionen. Es könnte sein, dass der Einzelne verschiedene Vorurteile gegenüber bestimmten Aussagen besitzt und dadurch bei einer von beiden Vorstellungen sofort eine Enge spürt. Bei einem anderen könnte es aber wiederum sein, dass er gleich ein freudiges Gefühl damit verbindet, wenn er jene Aussage hört. Auf diese Gefühle, die wir projizieren, kommt es eigentlich nicht an. Es kommt vielmehr darauf an, was eine Vorstellung mit uns, mit unserem Empfindungsfeld macht, wenn wir sie möglichst klar, möglichst rein und mental aufbauen können, so dass sie ganz in ihrem ureigensten Charakter in unsere Seele oder in unsere Empfindungswelt oder in unsere Innenwelt hineinklingen kann. Auf diese Eigenschaft der Übung kommt es an. Es ist in der Regel so, dass der Einzelne bei der ersten Vorstellung, ganz besonders wenn er die Definition aufstellt, dass der Mensch vom Tier abstammt, ein Gefühl hat des mehr organischen Verhaftetseins, ja, des organischen Eingebundenseins. Und weiterhin, wenn er von der Vorstellung ausgeht, dass die Seele erst geschaffen wird, wenn der physische Körper gezeugt wird, dann hat er vielleicht nahezu ein Gefühl, als ob auch das, was wir Gott nennen, weit getrennt ist von der physischen Welt, vom Körper und von allem Seelischen. Der Mensch ist bei der ersten Empfindung getrennt von dem, was Gott ist, und Gott wird zur Theorie. Diese Vorstellung erschafft im Großen und Ganzen – und auf dies kommt es jetzt hauptsächlich an – mit der Zeit ein organisches und gebundenes Denken. Freilich, verstehen Sie mich bitte richtig, diese Vorstellung allein erschafft erschafft nicht das organische Denken, aber Vorstellungen in dieser Art, Theorien und Definitionen in dieser Art schaffen mehr ein organabhängiges Denken. Das heißt praktisch gesehen, dass wir immer mehr fixiert aus unserem Körper heraus den Gedanken zu formen beginnen, und somit wird der Gedanke körperabhängig, er wird abhängig von der Schwingung unseres Nervensystems und von der Beschaffenheit unseres Leibes. Er wird leibabhängig, der Gedanke wird unfrei. Bei der zweiten Vorstellung leuchtet aber ein ganz anderes Empfinden auf. Bei der zweiten Art der Gedankenbildung entsteht mehr ein Weitwerden und eine vorsichtige Ahnung über eine bestehende Himmelshierarchie in Form eines Hineinlauschens, eines Hineinhorchens in eine Welt, die wir nicht sehen. Wir horchen mehr geheimnisvoll hinein in eine Welt, die scheinbar über uns ist oder die wie in einer größeren Gedankensphäre um uns herum ausgebreitet ist. Es entsteht eine erste ehrfürchtige Ahnung und ein Hinlauschen, ein Hinhorchen. Der Gedanke scheint mehr gelöst zu werden und er scheint sich mehr aus diesem Lauschen heraus als eine subtile Empfindung öffnend in uns hineinzubegeben. Es entwickelt sich, wenn jemand solche Seelenübungen ausführt, ein Ergebnis, das sich vielleicht nach einem Monat oder nach einem Vierteljahr relativ deutlich zeigt. Es zeigt sich bald das positive, lichte Ergebnis, wenn man einigermaßen projektionsfrei, einigermaßen vorurteilsfrei, und das heißt frei von Emotionen, an die Sache herangehen kann. Sicherlich ist das nicht immer eine leichte Angelegenheit, und es ist ohne Schulung in entsprechender Weise anfangs meist gar nicht recht möglich.

Mit dieser Seelenübung sollte aber etwas ausgesagt werden. Wir können uns Gedanken bilden, die uns mehr organisch fixieren, das Denken leibabhängiger machen, und wir können uns aber auch Gedanken bilden und Vorstellungen entwickeln über unser Wesen, über das Selbst, über das, was Gott ist, oder das, was das Leben allgemein ist, die uns freier machen, die uns mehr zu einem stillen, subtilen Zurückweichen und damit auch zu einer inneren Einstimmung der Seele führen. Wir haben beide Möglichkeiten. Gegenwärtig überwiegt in erster Linie die erste Art des Denkens und Definierens, und diese erste Art ist mehr bezeichnend wie auch prägend für das, was wir als die Domäne des Materialismus bezeichnen. Der Materialismus besteht durch die Bindung des Denkens und des Fühlens an die Leiblichkeit, während dasjenige, was freie Gedanken sind, die aber in der Regel erst entwickelt werden müssen, in unserer Zeit mehr für Spiritualität bezeichnend sind. Diese innere und doch praktische Unterscheidung ist schwierig, und die Worte bedürfen deshalb einiger Wiederholung bis diese Vorstellung, bis diese Ahnung, bis diese inneren Stimmungen, die die Seele betreffen und damit unser Wesen auch inniglichst betreffen, einigermaßen Boden und Gestalt finden. Aber lassen Sie mich einmal diesen Zusammenhang noch an einer anderen Darstellung zeigen. Es ist eine Darstellung anhand von Bildern, die entsprechend leichter fassbar ist, und demzufolge können wir dieses Wesen der Selbsterziehung auch leichter im Konkreten erfassen.

Es ist eine Tatsache, dass wir im Leben nur auf diese Dinge hinschauen, für die wir eine Vorstellung haben. Wir werden Dinge im Leben gar nicht bemerken oder gar nicht sehen, wenn wir in Gedanken darauf noch nicht hingewiesen oder noch nicht vorbereitet sind. Das gilt es bei einem solchen Vortrag, wie er von mir hier gehalten wird, zu berücksichtigen. Wenn wir noch nicht vorbereitet sind auf jene subtilen, differenzierten Gedanken, dann sind diese Gedanken momentan sehr schwer greifbar. Ich muss wiederholt auf Ähnliches oder Zugehöriges hinweisen, damit Sie in etwa eine Empfindung davon gewinnen, um was es sich handelt. Es wird damit das Wesen der Seele angesprochen, das Wesen, das wir so landläufig als das Innere bezeichnen, das wir volkstümlich oftmals auch als Gefühl bezeichnen, aber das doch eigentlich ein ganz geheimnisvoller Bürger ist.

Es kommt bei den Bildern nun mehr darauf an, dass Sie mit gewissen Gedanken und ihrer feinen Weisung ein Bild anschauen. Wenn ich die Gedanken nicht erzählen würde, so würden diese Gedanken wohl auch nicht so leicht lebendig werden, nicht so leicht angeregt werden oder eine Basis in uns finden. Bei dem ersten Bild können wir natürlich ein romantisches Gefühl mit dem kleinen Knaben verbinden, wie er in der Blumenwiese sitzt, oder wir könnten vielleicht als erstes auch den Eindruck gewinnen, wie dieser kleine Erdenbürger schon fast gleich einer solchen Blume ist. Ein Kind ist etwas so Reines, wie die Blume, wie die kleine Blüte, die sich zum Lichte öffnet. Es ist so ganz rein als Erdenbürger hier auf der Welt, ganz ohne Sünde, und dadurch hat es etwas wie eine Blume, die noch frei von den Versuchungsmächten geblieben ist, aber auch in der Entwicklung noch nicht ausgereift, noch nicht erwachsen ist. Das ist noch den kindlichen Jahren eigen, das können wir so natürlich folgern oder definieren. Auf diese Eigenschaft kommt es mir gar nicht so sehr an, sondern mir kommt es darauf an, wie dieses Geschöpf des jungen Menschen gedeiht, wie er größer wird, wie er langsam immer mehr in die Erde inkarniert, immer mehr hereingeht, immer mehr hereinwächst, wir können sagen, er wächst durch physische Nahrung, und es ist sicherlich richtig, aber er wächst durch ein Seelisches, wie das Seelische immer mehr hineinkommt in die Ganzheit des Leiblichen. Wir könnten jetzt der Einfachheit halber sagen, und dies trifft auch einigermaßen für das seelische Werden zu, so, wie die Blumen durch das Licht gedeihen, so gedeiht auch der kleine Erdenbürger durch das Licht, nur ist es nicht nur das Licht der Sonne, das physische, das spürbare oder das wahrnehmbare Licht, es ist ein Licht des Geistes, ein Licht, das immer mehr hereinkommt und die Manifestation schafft im Sinne eines Körperlichen. Aber es drückt sich Größeres, etwas Individuell-Seelisches aus dem Kosmischen oder Licht- und Wärmehaften aus, das immer mehr hereinkommt und sich somit mehr aus der Umgebung, wenn man es äußerlich benennen würde, in die Manifestation des Körperlichen begibt. Wenn man von solch einer Warte ausgehend einmal das Werden eines Kindes betrachtet, entwickeln sich damit ganz andere Empfindungen, und wir sehen den kleinen Erdenbürger als ein individuell sich inkarnierendes Geschöpf.

(Es werden Dias gezeigt.) – Wenn man diese älteren Fotos nimmt, hat man immer den Eindruck, dass das Kind etwas zurückweicht und die Umgebung mehr Raum erhält. Das Zurückweichen und das Raum-Geben für die Umgebung sind Eindrücke, auf die man durchaus achten sollte, denn heute scheint es umgekehrt zu sein, heute räumt man den

Kindern meist zu großen Raum ein. Ich komme darauf dann aber noch zu sprechen. Jedenfalls, das Verhältnis der Umgebung zu dem werdenden Kind, ein gewisses Licht- und Wärmeweben von außen nach innen oder vom Geistigen zum Festen, vom Unmanifestierten zum Manifestierten, geschieht, wenn wir von dem zweiten Aspekt ausgehen. Weniger vom Körperlichen gedeiht die Seele, sondern sie gedeiht durch eine gewisse Anziehung von außen. Die Seele, die Persönlichkeit, erschafft sich mehr durch die Einwirkungen und durch die verschiedenen Verhältnisse, durch dasjenige, was die Kinderseele im geheimnisvollen Inneren anzieht aus ihrem kosmischen Umfeld. Dieser kleine Erdenbürger nimmt immer mehr aus seinem Umfeld auf. Gleich wie er Nahrung aufnimmt, so nimmt er Geistiges auf, nur bleibt das Geistige unsichtbar. Das Geistige kann durch entsprechende Schulung gesehen werden, aber das Geistige wird nicht für die physische Seite, für die Sinnesorgane, für die Augen oder für die Ohren wahrnehmbar sein. Das Geistige webt sich hinein durch eine innere Anziehung, die im geistigen Teil des Menschen selbst besteht, und es schafft sich der Körper, und der Körper wird Ausdruck einer Seele, ja, letztendlich Ausdruck des unendlichen Geistes. Der Körper stirbt einmal, und die Seele geht wieder hinaus, geht wieder in andere Welten hinüber. Diese Inhalte über die Inkarnation des Seelischen, diese Vorstellungen über das Geborenwerden durch den Geist, sind sehr wichtig, sie sind heute wieder mehr eigenständig zu erfühlen, ja, mehr eigenständig zu erdenken.

Hier kommen wir zu einer ganz wesentlichen Frage, die man sich heute in der Erziehung durchaus stellt, aber auf die man heute wohl schwerlich eine brauchbare Antwort findet. Es ist jene Frage: Wer ist der Erzieher? Ist der Erzieher der Lehrer oder der Vater oder die Mutter? Sind die Erzieher die Erwachsenen, die Autoritäten, die dazu befugt sind, oder ist es das Kind in einer direkten Art von Selbsterziehung? Erzieht das Kind sich selbst? Früher sagte man, vor etwa fünfzig Jahren, dass die gesamte Erziehung durch den Lehrer oder durch Vater und Mutter stattfindet, und der Selbsterziehung sprach man sehr wenig Raum zu. Man sprach auch von Theorien wie: Man muss den Willen des Kindes brechen, damit der Wille der Eltern entsprechend sich hineinformen kann und damit das entsprechende soziale oder das gesellschaftlich integrierfähige, das moralisch begabte Wesen am Kinde wohlerzogen als Ergebnis hervorkommt. Die praktischen Methoden beruhten vielfach auf harten Überlegungen, die wohl heute nicht mehr so sehr auf den Plan gehören. Heute rückt aber mehr eine andere Versuchung in den Vordergrund, die die Autorität in der Erziehung ganz dem Kinde selbst zuschreibt. Man spricht davon, dass das Kind sich selbst erzieht, wenn nur der Erwachsene entsprechend das Vernünftige dazutut und ihm vor allen Dingen den Freiraum gewährt. Heute scheint man da in ein durchaus sehr mechanistisches Gegenteil hineinzutendieren, vor allem bei uns in Deutschland ist die Erziehung ganz auf Selbständigkeit und Kinderfreiheit ausgerichtet. Man gibt dem Kind einen Raum, mit dem es nicht wirklich umgehen kann.

Wer ist der Erzieher? Es gibt nun weitere Antworten auf diese Frage. Manchmal hört man in verschiedenen esoterischen Bereichen, dass das Kind die Mutter erzieht und diese wiederum auch das Kind erzieht, und so hat es sein Gutes auf beiden Seiten. Das ist sicherlich eine Erfahrung, sicherlich ein Eindruck, den so mancher Erzieher gewinnen kann, denn das Kind erzieht den Erwachsenen zu einem gewissen Grad, und der Erwachsene erzieht das Kind, wenn er nicht gerade dem Kinde unterliegt. Die Erziehung der Erwachsenen durch die Kinder, das gibt es auch, ja, das gibt es sogar sehr häufig, dass der Erwachsene dann nur noch von dem Kind erzogen wird und somit keinen Beitrag mehr leisten kann. Von der Theorie der Gegenseitigkeit könnten wir durchaus schon ausgehen, aber sie würde uns für ein Verstehen sehr wenig weiterhelfen, sie würde uns jetzt sehr wenig für eine weitere, schöpferisch-produktive Vorstellung weiterbringen. Deshalb will ich einmal die Vision der Erziehung anhand der bisherigen Seelenübungen noch einmal verdeutlichen.

Die Erziehung, wenn man geistig schauen kann, findet statt durch – bitte stören Sie sich jetzt nicht an einem Begriff, ich muss einfach einen trefflichen Begriff einsetzen – bestimmte Engelwesen, die an der kindlichen Natur arbeiten; sie geschieht durch geistige Substantialitäten. Thomas von Aquin hat sie geistige Substantialitäten genannt. Die Erziehung geschieht durch geistige Substantialitäten, namentlich Engel, die an dem Kind, an der Seele, an dem Werden dieses Erdenbürgers arbeiten. Dieses Werden einer Seele, eines Ganzen, eines Geistes oder einer Persönlichkeit findet integral statt, entsprechend durch die hereinwirkenden geistigen Wesen, eben durch die Engelmächte. Die Engel erziehen das Kind langsam zum Laufen. Die Engel und die verschiedenen Substantialitäten arbeiten erziehend an diesem Sprößling, an diesem kleinen Bürger, an der werdenden Seele, und sie führen ihn zu einem moralischen Bürger, zu einem gesellschaftsfähigen Bürger, ja, mit der Zeit zu einem geistigen Menschen, zu einem nicht nur vernunftbegabten Menschen, sondern zu einem Menschen der Liebe. Die Engel leiten die spirituelle Dimension herbei in einem Leben, das nicht nur Tier ist, sondern zu einem Menschen, der im wahrsten Sinne ein Abbild des Menschlichen ist. Man hat im Sanskrit hier auch den Ausdruck *manusa* gebraucht, was so viel heißt wie: der Mensch, der durch ein Denken begabt ist, das aber im Geiste gegründet und nicht nur im Intellekt, ein Denken, das mehr Vernunft ist. Der Mensch ist in Wirklichkeit nicht ein höheres Tier, er ist ein geistiger Bürger. Er ist weitaus mehr als eine Natur, die nach Instinkten oder nach unbewussten Trieben funktioniert. Er muss in den vollen Besitz seiner Gedanken-, Empfindungs- und Willenskräfte kommen. Hier an dieser menschlichen Natur arbeiten geistige Wesen. Sie arbeiten ganz besonders, wie manche Mütter fast ahnen, nahezu greifbar an dieser Kinderseele, wenn wir uns diese Bilder so vergegenwärtigen. Man kann förmlich ahnen, wie diese Engelsmächte an diesem Werden arbeiten, an der Entwicklung der ersten Bewegungen, wie sie da formend und weisend wirken. Die Engel arbeiten aber mit ihrer weisen Führung auch beim Erwachsenen. Nur beim Erwachsenen wird immer mehr der eigene Wille und somit auch die organisch manifestierte Welt in das Gewicht kommen und die Führung übernehmen. Beim Erwachsenen werden also diese geistigen Kräfte, diese Engelsmächte, nicht mehr so sichtbar sein wie bei der Kinderseele, aber sie arbeiten dennoch auch am Erwachsenen. Vor allem wenn der Mensch eine geistige Entwicklung durchgeht, sieht man wie die Engelsmächte an dem Erwachsenen arbeiten.

So erscheint es auch im Evangelium. Sie können sich vielleicht an eine Stelle erinnern, wie die Engel am Menschen wirken und ihm dienen. »Und die Engel dienten ihm.« (Mk 1,13). Die Himmelswesen arbeiten an seiner Leiblichkeit und formen diese gesamte Gestalt weiterhin aus und hinein in die Schöpfung.

Die Engel dienen dem Menschen und sie sind die Erzieher des Menschen, sie formen die Bewegungen aus, sie formen die Moralität aus, sie formen das ganze Wesen, das seelische wie auch das geistige Wesen des Menschen. Hierzu ist aber nicht nur ein Einfluss der Engel notwendig, sondern um dieses große Werk der Erziehung zu leisten, ist auch das Beziehungsfeld unter Menschen wichtig. Es muss eine Autorität des Erziehers geben. Es müssen Lehrer in die Erziehung hineingreifen, und es müssen Vater und Mutter und entsprechend beauftragte Erzieher an der aktiven Arbeit mitwirken. Die Erwachsenen müssen sich in Beziehung bringen zu dem kleinen Zögling, denn sonst würde dieses Eingreifen der geistigen Engelsmächte gar nicht im richtigen Sinne funktionieren können.

Es ist aber eines der großen Geheimnisse, dass der Mensch nicht ein Hindernis wird für das Einwirken der geistigen Kräfte, sondern ein Förderer ist, damit diese geistigen Engel, diese Mächte, diese hohen Gestalten der Schöpfung hineinfließen können in die Kinderseele. Es müssen also rechte Beziehungsverhältnisse bestehen zwischen dem Erwachsenen und dem Kinde. Dieses rechte Beziehungsverhältnis wollen wir einmal als einen der Hauptgedanken untersuchen, es soll den Mittelpunkt dieses Vortrages bilden. Dieses rechte Beziehungsverhältnis wird in unserer heutigen Zeit zu wenig beachtet und zu wenig in der Notwendigkeit erkannt.

Stellen wir uns einmal vor, wir würden mit einem sehr verhärteten Seelenleben unser Kind erziehen. Die Verhärtung kann selbst durch die beste Pädagogik oder durch die beste Methodik nicht aufgelöst werden. Auf die Kinderseele wirkt immer auch unser Innenleben ein, und unser Innenleben kann mehr entzweiend, belastend, mehr krankmachend wirken und mehr die Entwicklung hemmen, oder es kann unser Innenleben im idealeren Sinne fördernd, erbauend wirken und das innere Wachstum wie auch das Wirken der ganzen engelhaften Substantialitäten im geistigen Sinne fördern. Wenn eine Entwicklung auf positive Weise im Menschen stattfindet, und damit sprechen wir das große Gebiet der Selbsterziehung an, wenn eine Entwicklung in unserer eigenen Individualität aufsteigt und zu mehr Licht, zu mehr Wärme, zu mehr Seele sich entwickelt, dann wird das auch unweigerlich hinüberstrahlen auf unsere Kinder und dort einen heilsamen, lebendigeren Einfluss geben. Selbst wenn wir keine ausgereiften Pädagogen sind, wird das, was in der Seele lebt, überwiegen. Es wird selbst für den sehr naiven

Menschen, der noch nie etwas von pädagogischen Maßnahmen gehört und noch nie etwas von Psychologie verstanden hat, dasjenige, was in der Seele an Wärme überwiegt, auch zum erbauenden Gedeihen führen im kleinen Zögling. Die Pädagogik ist sicherlich wichtig und stellt das Handwerkszeug dar, und vor allem ist sie wichtig für einen Lehrer in der Schule. Ein Lehrer kann sicherlich nicht allein mit seiner Seele wirken, denn die Eltern würden sich bald beschweren, wenn die Kleinen in der Prüfung durchfallen würden, wenn sie nichts lernen würden. Aber das, was in der Seele des Lehrers, der immer ein Erzieher ist, wirkt, hat einen anderen Charakter als die Methode. Die Methode ist, wie im Bilde des Vergleiches erwähnt, wie die Farbe für den Maler, aber das, was durch die Farbe zum Ausdruck gebracht wird und wie es zum Ausdruck gebracht wird, mit welcher Intensität, auch mit welcher Wärme es zum Ausdruck gebracht wird, das ist von anderem, sehr wirksamem und subtilem Charakter. So wirkt eine Seele hinüber zu dem werdenden Seelischen des Kindes, und wenn Seele hinüberwirkt zum werdenden Seelischen, so kann man davon sprechen, dass geistige Kräfte im Erbauen wirken. Es ist wie ein lebendiger Strom Wassers, der nicht zum Stillstand kommt. Es ist wie ein Fluss, der hineinmündet in den Ozean, aber immer lebendig im Flusse bleibt. Das Wasser steigt wieder auf und fällt im Kreislauf wieder hernieder, und es entsteht damit ein ständiges Strömen, ein lebendiges Zirkulieren, das gleichsam wie ein lebendiges Empfinden ist. Eine lebendige, empfindsame, seelische Wärme strömt in den gesamten Prozess der Erziehung. Die Stagnation eines solchen Wassers ist immer mit einem mehr oder weniger deutlichen Krisenzustand verbunden. Eine Krise beim Erzieher löst in der Regel auch nicht unbedingt das schönste Bild in den Kindern aus, denn der Konflikt, den der Erwachsene hat, trägt sich in irgendeiner Weise, selbst noch dann, wenn er vertuscht wird, hinüber zu den Kindern. Freilich, wir können niemals ohne Krise sein, wir können nicht ohne Konflikte leben, aber es ist dennoch eine Frage der Stärke der individuellen Seele und des Aufstieges der Seele, die trotz vielleicht bestehender Probleme, existentieller Nöte und vielen kleinen alltäglichen Schwierigkeiten zu einem strahlkräftigen Leben wird, das sich zu unseren Mitmenschen hinüberträgt. Das ist eine wesentliche Frage, die in unserer Zeit von entscheidender Wichtigkeit und von hoffnungsvoller Bedeutung geworden ist. Nehmen wir einmal an, oder denken wir uns einmal, wir stehen in der Sonne und beobachten unseren Nebenmann, der ebenfalls in der Sonne steht. Er wird wohl von der Sonne genauso beschienen, wie wir beschienen werden, und wenn wir draußen im Regen stehen – es wird gar nicht anders gehen können, es wird wohl nicht anders denkbar sein –, wenn wir beide draußen im Regen stehen, dann werden wir beide nass. Und so ist es im Wesen der Seele. Wenn eine Seele, sagen wir, in Bindungen, in Abhängigkeiten, in Symbiosen hineinsteigt, so bedeutet das für das Umfeld eine gewisse Kraftauszehrung und meist damit auch eine Belastung mit krankmachendem Abstieg. Wenn aber eine Seele aufsteigt und sich in der Entwicklung zu mehr lichten, mehr durchwärmten Verhältnissen emporheben kann, wenn sie sich durchdringen kann und eine Welt des Geistes im Inneren zum Entstehen bringen kann, so wird es nicht nur für den Einzelnen eine Bedeutung haben, sondern es ist wie ein Licht, das wie bei der Sonne auf alle herniederscheint. Das errungene Empfinden über die großen Wahrheiten scheint auch auf die Umgebung hinüber.

Seele und Geist sind Entitäten und somit das menschliche Gemüt übersteigende Manifestationen, die größer sind als intellektuelle Vorstellungen und emotionale Freude- und Leiderlebnisse. Der Geist ist eine schöpferische Dimension, die nicht nur in uns begrenzt ist, sondern die unbegrenzt ist, die zu einem Himmlischen, oder sagen wir es mit einem anderen Begriff, zu einem Außerirdischen gehört. Der Geist ist nicht die Materie, er drückt sich vielmehr durch die Materie aus, aber er ist nicht auf die Materie begrenzt. Das ist das Wesentliche. Geist ist nicht eine Erfahrung, die wir im Sinne der Gefühle machen. Wenn wir Geistiges erfahren, dann drückt sich das hinein in unsere Gefühle aus, aber das Gefühl dürfen wir nicht verwechseln mit einem bestehenden Seelischen oder Geistigen. Es drückt sich das Höhere durch den physischen Leib oder durch das Sichtbare und durch das Manifeste aus, aber es ist das Unmanifestierte oder das Unwägbare, das Geheimnisvolle, das sich ausdrückt durch die sichtbaren Umstände.

Das ist eine Grundlage oder eine Weltensicht, die die Erziehung zur Freiheit ermöglicht. Die Erziehung zur Freiheit wird heute am allerwenigsten verstanden, weil man gar nicht mehr so recht weiß, was der Mensch in seiner Freiheit denn tatsächlich ist. Ist er es im Sinne des Selbstbewusstseins, wenn er stark ist in der Welt? Ist er dann frei? Über die Antworten sind sich sogar die Gelehrten uneinig. Die Freiheit ist ein außerirdisches Gut, sie beschreibt ein Bewusstsein, das im außerirdischen Dasein gegründet ist. Die wirkliche Freiheit ist im Irdischen eigentlich nicht denkbar. Je mehr aber geistiges Leben mit Ahnungen über die großen Wahrheiten, die das konfessionelle Bekenntnis übersteigen, also wirkliche Erfahrungen im Menschen entstehen, um so mehr wird dieses Bewusstsein auch zum Strom der Seele. Es wird der unangetastete Raum zur Freiheit dem Erzieher erst offen durch seine spirituelle Entwicklung. Die spirituelle Entwicklung ist notwendig für unsere Zeit, ganz besonders für unsere soziale Kultur. Wir sind hier aber selbst aufgefordert, in diese Beziehungsverhältnisse und diese Übungen, in diese Bereiche, eine Aktivität hineinzulegen, denn wir müssen uns selbst schulen, wir müssen uns entwickeln lernen, damit wir wieder zu einer rechten Anziehung kommen und damit wir nicht zu früh schon abgeschlossen sind in unserer Seele. Eine der größten feindseligen oder hemmenden Mächte, eine der größten Widersacher ist diese so unangenehme Stagnation, die oftmals auf einem Gefühl des Nichtwissens und Nichtkönnens, des nicht Anschlussfindens und damit der Beharrlichkeit innerhalb der eigenen Genugtuung beruht. Wenn wir schon zufrieden sind und in unserer Körperwelt so einigermaßen ein Wohlgefühl entwickelt haben und so einigermaßen über die existentiellen Nöte hinausgekommen sind, wenn wir mit dem Leben so halbwegs abgeschlossen haben, dann ist das natürlich schon ein großes Hemmnis für die Entwicklung derjenigen, die in der Linie unserer Erziehung stehen. Wenn unser Lernen einmal abgeschlossen ist, unser Aufsteigen zu größeren Wahrheiten vorzeitig aus Bequemlichkeit ein Ende gefunden hat, wie sollen dann unsere Kinder einen Zustrom finden von der rechten geistigen Nahrung und inneren, seelischen Substanz? Sie finden sie nicht mehr, weil die Erziehung ein lebendiges Austauschfeld ist, und zwar mehr ein inneres Feld, das wie Wasser ist, das in einem Bergbach hinunterfließt und das immer ununterbrochen im Fließen begriffen sein will. Aber dieses Wasser versickert und geht manchmal in ganz unterirdische Regionen hinunter, wenn unsere Entwicklung stagniert, wenn wir zu sehr der Bequemlichkeit unterliegen. Die Mächte des falschen Zufriedenseins, der falschen Genugtuung sind wahrlich die Erzfeinde der Selbsterziehung. Das ist ein Problem unserer Zeit und ein Problem auch der materialistischen Kultur, die gewisse Reizangebote zur Verfügung stellt, aber den Menschen damit nur eine Art Bürde auferlegt und nicht wirklich die rechten Stimmungen, die rechten inneren Entwicklungsschritte geben kann. Eine Entwicklung der Seele ist in diesem Sinne sehr wichtig. Sie ist sehr wichtig und sie muss von uns selbst begonnen werden. Wir müssen immer wieder aus Stagnationen herauskommen und gewisse Gedanken im Sinne eines größeren Wahrheitsbewusstseins erringen. Wenn wir Erfolg haben im Beruf, so ist das sicherlich eine begünstigende Seite für das Selbstbewusstsein. Wir dürfen uns aber mit einem einseitigen Erfolg im Beruf noch nicht zufriedengeben, denn wir müssen auch nach Wahrheit, nach größeren Wahrheiten suchen.

Erzieher müssen das Leben hinterfragen. Jeder Verantwortliche muss hinterfragen: Was ist das Wesen der Seele, was ist das Wesen des Selbst und des Unsterblichen im Inneren? Schließlich wird es für eine breite Gesellschaftsschicht eine Notwendigkeit, zu Übungen zu gelangen. Ganz besonders sind hier Seelenübungen erwähnenswert, wie sie im Rosenkreuzertum, in der Anthroposophie, oder wie sie hier im Yoga gelehrt werden, die die Seele in ein mehr kosmisches oder mehr schon metaphysisches, übersinnliches Empfinden wieder hineingliedern, denn wir sind so dicht und so fest geworden in der Körperlichkeit und so eng mit der Vernunft an die Leiblichkeit gebunden, so dass Vernunft letzten Endes sogar schon mehr Angst ist als wirkliche Vernunft. Vernunft ohne einen Hauch des Außerirdischen kommt vor allem den Weisheitsgesetzen nicht mehr nahe. Gewisse Übungen sind für die heutige Zeit eine Notwendigkeit. Es sind viele verschiedene Möglichkeiten von Seelenübungen gegeben, von einfachen Betrachtungen bis zu Textmeditationen. Sie sind Übungen, mittels denen wir uns annähern zu einem geistigen oder mehr gedanklich reineren Bewusstsein und uns damit eine gewisse Stimmung und ein gewisses Fühlen von Unendlichkeit und den Gaben des Himmels, von realer, transzendenter Geistigkeit wieder nahebringen.

Die Enge und die Distanzierung, die heute in unserer Kultur spürbar ist, ist eine tiefe Wahrheit. Wir leben und wir beengen uns durch unsere eigene Beharrlichkeit oder durch unseren eigenen Materialismus selbst. Stellen Sie sich einmal das Gefühl vor, ein Gefühl das sehr häufig ist, stellen Sie sich einmal vor, Sie sind in einem Raum mit einem Menschen und Sie fahren vielleicht, wie das manchmal so ist, sechsunddreißig Stunden im Auto, immer ununterbrochen mit der gleichen Person, und

Sie können sich auch in den Pausenstunden nicht richtig voneinander distanzieren. Es entsteht in der Regel ein Gefühl des Beengtseins, ein Gefühl des nicht mehr so sehr Nahekommen-Wollens. Es ist ein Gefühl der Enge, vielleicht der Platzangst oder einfach ein Gefühl der überreichlichen Nähe. Solch ein Gefühl des Sich-distanzieren-müssens entwickeln vielfach die Kinder in unserer Kultur. Sie entwickeln derartige Gefühle, weil der Erwachsene heute nicht den rechten Freiraum eröffnet, sondern dem Kind einen überdimensionalen Raum einräumt und gleichzeitig doch aber mit seinen Projektionen und mit seinen Ängsten, mit all seinem eigenen, künstlichen Sicherheitsgefühl das gesamte Feld in Anspruch nimmt. Es ist ein ganz gewaltiger Unterschied, wenn man zwei Menschen nebeneinander stellt, die ein unterschiedliches Denken haben. Nehmen Sie einmal die eingangs erwähnte und praktizierte Seelenübung heraus. Es liegt jener große Unterschied darin, ob derjenige ein Denken hat, das aus den Organen mehr projizierend wirkt, oder ob er ein Denken hat, das hineinlauschend in andere Regionen wirkt und das sich noch nicht sogleich definitiv festlegen kann, oder in einem anderen Sinne, das noch nicht so sehr fundamentalistisch ist. Die andere Art des Denkens wäre wie ein Suchen, ein Trachten oder ein erstes nur Lauschen gegenüber der Wahrheit. Das organische Denken aber legt sehr schnell die Wahrheiten fest und wird fundamentalistisch. Diese Art des Denkens schafft sich auch damit sehr schnell eine Ideologie, eine Theorie, eine Sicherheit für das Leben, während aber die zweite Art des Denkens immer in einer gewissen Unsicherheit, ja Hilfsbedürftigkeit und damit in einer gewissen Anschauung bleibt. Es legt sich nicht sogleich definitiv fest. Wenn das lauschende und hörende Denken sich einmal festlegt, dann bleibt die Festlegung doch in einer gewissen Weise dynamisch oder zumindest zurückgewichen.

Ein Kind fühlt diese Verhältnisse und es fühlt, welche Grundlagen in der Seele beim Erwachsenen leben. Kinder fühlen es sehr schnell, welche Seele bei einem Lehrer atmet, ob der Lehrer autoritär aus sich heraus ist und damit eine gewisse Macht oder eine organische Gebundenheit ausströmt, oder ob der Lehrer eine mehr zurückgewichene Art hat und dennoch aber stabil in sich und in seiner Fachkraft gegründet ist und somit auch entsprechend eine Lehrerpersönlichkeit darstellt. Welche Art des Denkens vorwiegend den Einzelnen belebt und damit leitet, ist entscheidend für das Verhältnis, ob wir dem Kind Raum geben oder nicht Raum geben. Selbst wenn wir Kindern alles frei zur Verfügung stellen, und das ist ja heute häufig der Fall, dass die Kleinen schon, sagen wir mit sieben, acht Jahren, entscheiden, was es am Mittagstisch zu geben hat, und es ist ja häufig so, dass die Kinder schon mehr bestimmen als der Erwachsene zu bestimmen hat, dann wird dennoch für das Kind kein Raum gegeben sein, wenn nicht die entsprechende Klarheit, das entsprechende Seelenleben vorherrscht in dem Erzieher, in Vater und Mutter oder in der Lehrerpersönlichkeit. Das Kind wird trotz des gewährten äußeren Freiraumes Verhältnisse entwickeln, die es organisch binden und unfrei machen. Wenn diese Raumbeengung durch unser Denken, – und das ist ein Denken, das dem Materialismus eigen ist, und das ist eigentlich der Hauptfeind in der Erziehung – wenn dieses organgebundene Denken sehr stark vorherrscht und damit Ängste und Sicherheitsgefühle auch auf die Kinder projiziert werden, wenn allgemein gewisse Ängste um Existenz überwiegen und damit ein Festhalten gegenüber der Materie, dann wird ein Kind immer in der Not sein hinsichtlich der Entwicklung, denn ihm strömen nicht die befreienden Hilfen des Himmels zu. Es ist wie der Strom Wassers, der durch die künstliche Arbeit unterbrochen ist. Das Kind wird deshalb entweder Ausflüchte entwickeln, dies ganz besonders, je älter es wird, oder es wird einer Selbstaufgabe unterliegen. Es wird also mit dem Selbst mehr fliehen, mehr in andere Eigenarten oder in gewisse Abenteuer der Welt hineinfliehen und eher psychische Probleme ernten, oder es wird sich selbst verleugnen, selbst aufgeben und Schwächetendenzen in der Persönlichkeit bilden.

Bei der Selbstaufgabe haben wir vielleicht eher die Kondition, die dem Krankheitsbild Krebs entspricht. Bei dem fluchtartigen Hinwegstreben des Kindes ist es aber so, dass es mehr Nervenspannungen, mehr Nervenbelastungen ausgesetzt ist, dass es mehr krank wird vom Nervensystem her und damit auch gewisse Konflikte, ja, oftmals psychische und physische, schwere Belastungen ins Leben hinein mitnimmt. Diese Belastungen wie Krebs und schwere Nervenkrankheiten, die heute in unserer Zeit überwiegen, sind ein Ausdruck des Materialismus und des darin befindlichen Denkmusters. Freilich, die Krankheiten sind ein Ausdruck auch für das, was an Umweltgiften und all den verschiedenen Anspannungen, einseitigen Lernanforderungen und verschiedenen Überladungen des Intellektes entstehen, aber sie sind vor allem, wenn wir primär schauen, ein Ausdruck von dem, was in der Seele und namentlich in der Art des Denkens allgemein in der Menschheit lebt. Wir geben sowohl den Kindern als auch den Mitmenschen keinen Raum mehr. Wir lassen unserer Umgebung keinen Raum. Wir projizieren aus unseren Organen. Wir sind in einem ständigen Leistungsdruck und in ständigem Eifer aller Psychologien, und somit überlasten wir eigentlich die Umgebung. Der Materialismus in Form der ganzen Leistungsmaximierung ist eigentlich nur ein Ausdruck für das, was in der Seele lebt. Aus diesem Grunde erscheint es für heute wichtig, dass jene Entwicklung eines reineren Denkens und Fühlens wieder eintritt. Diese Entwicklung will ich jetzt in einem abschließenden Gedanken noch ganz kurz skizzieren. Es lässt sich die seelisch-geistige Entwicklung, die in einer einfachen spirituellen Schulung absolviert wird, nicht ausführlich in einem Bild entwerfen. Hier muss auf Literatur in entsprechender Weise hingewiesen und auf die eigene Beschäftigung verwiesen werden, denn hier kann nur eine gewisse äußere Anregung geschehen für das, was unsere Zeit heute dringendst benötigt. Eine einfache, grundlegende, spirituelle Lebenspraxis gäbe wieder ein Gegengewicht aus dem Seelischen zu all den Strategien, zu all den methodisch-didaktischen Ansätzen, zu all den verschiedenen Schulsystemen und verschiedenen pädagogischen Modellen, so dass ein Außerirdisches wieder hereinströmen kann in diese Kultur, die wir ohnehin haben.

Wir müssen uns beschäftigen mit Gedanken, die ganz anderer Natur sind. Unsere Sicht der Seele soll wieder mehr auf Gedanken der geistigen Welten hingelenkt werden. Wir müssen Werke studieren, die anderer Natur sind als jene rein auf die Wissenschaft oder auf die Experimente der Wissenschaft bezogenen Fachbereiche. Wir müssen wieder lernen, Literatur richtig zu lesen im Sinne von Meditation. Schriften, die aus dem Wissen der geistigen Welten entstanden sind, geben uns auch Antworten auf die Inhalte unseres Wesens oder Lebens. Die Schriften, die aus den geistigen Welten heraus verfasst sind, beziehungsweise, die aus solch einem Wissen heraus geboren sind, die Ahnungen oder direkte Empfindungen vermitteln, Identitätsempfindungen vermitteln von geistigen Wahrheiten, jene müssen wir wieder lesen lernen. Wir müssen uns dazu Gedanken und Vorstellungen bilden und entsprechende Übungen wieder praktizieren lernen, wie die heute hier erwähnte Seelenübung. Indem unsere Entwicklung dadurch mehr einen

Anschluss zum Geiste gewinnt, beginnt der Strom einer lebendigen Erziehung wieder zu fließen. Und so strahlt dieser Strom automatisch mehr und mehr durch uns hinaus auf unsere Umgebung. Er strahlt nicht nur auf die Kinder hinaus, er strahlt auch auf unsere Kollegen hinüber. Aber dieser Strom lebendigen Wassers, der lebendig gewordenen Seele, strahlt auch hinaus auf die Natur, auf die Pflanzen, auf die Bäume, und so weiter. Er wird nicht nur ein Strom sein, der für uns gedacht ist und zu unserer Zufriedenheit reicht. Wenn Seele in uns gedeiht, so gedeiht auch Seele hinaus in unser Umfeld.

Es ist dann auch noch eine zweite Frage, wie wir in Beziehung treten zu den Mitmenschen. Aber die erste Frage, die uns heute wohl am meisten betrifft, ist: Wie finden wir diesen Anschluss, und wie können wir unser eigenes, oftmals so depressives, melancholisches, unser oftmals so eingedrücktes und eingeschnürtes Innenleben wieder mit lebendigen Empfindungen, mit lebendigen Gedanken und mit Wahrheitsbewusstsein nähren? Wie ist dies möglich? Wir müssen nun Werke von Eingeweihten, von großen Persönlichkeiten studieren, die in einem Denken gegründet waren, die um die Wahrheiten im Jenseitigen wussten, die Bescheid wussten um die geistigen Welten. Die Erfahrung zeigt auch, dass damit das Leben entschieden bereichert wird und die Kinder in der Umgebung besser gedeihen, da sie von diesem Strom einen wesentlichen Teil empfangen. In der Heilstherapie, auch bei schweren Krankheiten wie Krebs, hat dies eine ganz besondere Bedeutung. Ein Kind können wir noch keine Seelenübungen lehren, aber wir Erwachsenen können diese Seelenübungen und andere Übungen entwickeln, und wir können uns mit einem tiefen, inneren Sinn hineinfühlen in große Persönlichkeiten, bis wir ihre Gedanken erfassen und somit die Seele empfangen lernen. Wenn wir dieses Seelische empfangen lernen, dann strömt das Geistige herein. So, wie das Licht der Sonne hereinströmt auf die Pflanzen im Frühjahr, so wird damit auch ein gewisses Frühjahr, eine gewisse Verjüngung, eine gewisse Liebe im Menschen wieder neu belebt. Liebe ist nicht ein Gefühl, das einfach so aus der Seele herauseifern könnte, sondern es ist ein Empfinden wie ein Zustrom aus einer anderen Welt, der so subtil ist, und der in Wirklichkeit niemals ganz manifest werden wird, denn er bleibt in seiner eigenen Natur. Liebe, die dem Menschen zuströmen kann, ist in Wirklichkeit eine Freiheit. Sie ist eine Freiheit, die die Umgebung ein Stück heraushebt aus dem so fest gewordenen und materiell geballten Denken und Fühlen. Hier müssen wir lebendigen Anschluss wieder entwickeln durch geeignete Seelenübungen und durch das Studieren von weisen Werken großer Persönlichkeiten.

Das sind durchaus einfache und gleichzeitig anspruchsvolle Ausführungen, die ganz die Entwicklung des Erwachsenen in seiner Rolle und Autorität der Erziehung betreffen und somit auch die Entwicklung, die jeder bei sich selbst durch eigene Entscheidung, ja, letztendlich nur durch eigene Entscheidungen und nicht durch Erziehungsmodelle oder durch spirituelle Modelle gewinnen kann. Den Wert, den der Einzelne in die Erziehung legt, kann er nur bei sich selbst und seinem Willen nach Wahrheit entscheiden und auch in die Erfahrung hineinführen.

Über das Lügen

In Bezug auf das dritte Lebensjahrsiebt und auf die Forderungen, die dieses Lebensjahrsiebt an die Erziehung des Jugendlichen stellt, ist es notwendig, dass wir auf das Thema der Moralität und vor allem auch auf die Wahrhaftigkeit zu sprechen kommen. Wahrhaftigkeit ist das Gegenteil von Lüge. Die Lüge ist ein schlechtes Charaktermerkmal. Die Lüge darf aber jetzt nicht nur in ganz einfachem Sinne als eine Verschmitztheit, Lügenhaftigkeit oder Unaufrichtigkeit verstanden werden; sie ist weitaus mehr, als ihre äußere Erscheinung offenbart. Die Lüge lebt meist ganz verwoben und tief in der Anlage eingebunden im Wesen des Menschen. Damit sich diese tiefe Anlage zu Unwahrhaftigkeit oder einfach zu einem unmoralischen und unaufrichtigen Charakter nicht entwickelt, bedarf es einer sehr sorgfältigen Erziehung. Diesen Aspekt der Erziehung wollen wir um des Verständnisses willen einmal genauer betrachten.

Erziehung dürfen wir als Erziehung zu Moralität und Charakterbildung und auch zu einer mutigen Lebensperspektive betrachten. Charaktererziehung und die Erziehung zu einer mutigen Lebensführung sind in Wirklichkeit sehr nahe miteinander verwandt. Die edle Tugend der Wahrhaftigkeit ist immer mit einem weiten Lebensgefühl und mit der mutigen Bereitschaft zum Leben verbunden. Die mutige und tiefe Kraft zum Leben muss durch geeignete Mittel im Laufe des Erziehungsprozesses eine Förderung erhalten.

Mit diesen Betrachtungen über die Moralerziehung und über die Entwicklung eines aufrichtigen Charakters berühren wir das große Problem des Materialismus und der Konsumgesellschaft. Denn es stellt sich die Frage, ob die Form unserer Kultur und dieses extrem nehmende Prinzip, das hedonistische Prinzip unserer Tage, tauglich ist für eine aufrichtige und klare Erziehung zu Wahrhaftigkeit. Es ist damit eine ernsthafte und durchaus sehr kritische Frage gestellt. Der Materialismus, der unsere Kultur prägt, stellt eine große Widersprüchlichkeit zur innersten Seelenstimmung und Seelenrealität unseres Menschseins dar. In diesem Widerspruch, der sich immer größer und unlösbarer vor unseren Augen auftut und dem Materialismus, der haltlos in vielen überdimensionalen Auswüchsen seine Macht sucht, gibt es wohl keinen Raum für den Menschen. Es scheint der Mensch unter seinem eigenen Materialismus zu zerbrechen. Wir sehen dieses Zerbrechen des Menschen an der Entfremdung. Obwohl wir der Materie entgegengehen und obwohl wir ganz in der Materie versunken sind, sind wir von der Materie entfremdet und haben keine wirkliche Frömmigkeit, keine wirkliche Empfindung zur Natur. Auch selbst zu unserem uns allernähesten Wesensglied, zu unserem eigenen Körper, verlieren wir den nahen und entspannenden Gefühlsbezug. Die Entfremdung ist ein Zeichen, das der Materialismus durch seine eigene Paradoxie hervorbringt. Wie kommt es zu diesen eigenartigen Auswüchsen und schwerwiegenden Entfremdungstendenzen? Für die Antwort ist es hilfreich, wenn wir die Art und Weise des heute gewöhnlichen Denkens betrachten. Unser Denken ist ganz der Materie unterworfen und somit wird es von einem Prinzip bestimmt, das man wahrhaftig als Hedonismus bezeichnen kann, und es wird bestimmt von den Gefühlen der Lust und des Wunsches. Wir suchen die Zufriedenheit und Erfüllung in der Materie und in der Nutzbarmachung der Materie. Das Benützen der Materie ist aber nicht der eigentliche, wirklich kritische Faktor, der zu einem Entfremdetsein führen muss. Vielmehr sind es die Wunschgefühle und die sinnlichen Leidenschaften und begierigen, eitlen Tendenzen unserer eigenen Wesensnatur, die entfremden und die scheinbar ganz haltlos nach einer beständigen Lebenssteigerung und Lebenserfüllung streben. Wir trachten nach immer weiteren Sinnesreizen. Tatsächlich scheint uns die ursprüngliche Erfüllung und die wirkliche innere Seite der Seele vollkommen verlorengegangen zu sein. Wir suchen die Erfüllung heute in ständig neuen Reizen und wir suchen sie in einer sterblichen Welt. Der tiefe Sinn für das innere Heil der Seele, das sowohl im Irdischen eine Berechtigung besitzt als auch nach dem Abscheiden des Körpers eine tiefe Bedeutung einnimmt, ist in unseren Tagen verlorengegangen.

Es ist günstig, hier an dieser Stelle einmal in aller Kürze eine Betrachtung anzustellen, wie das Denken und Wahrnehmen gegenüber der Schöpfung in früheren Phasen der Entwicklung, etwa zur Zeit Jakob Böhmes war. Zu dieser Zeit, etwa im sechzehnten, siebzehnten Jahrhundert, war die naturwissenschaftliche Methode und ihr Experimentieren oder experimentelles Forschen noch nicht im wirklichen Aufschwung begriffen. Noch lebte in diesen Jahrhunderten eine tiefe Achtung vor der Schöpfung. Man sah in der Schöpfung noch eine Spiegelung eines göttlichen Atems oder eines ewigen Lichtes. Der Mensch früher sah, dass die Schöpfung zwar eine Wirklichkeit darstellt, aber dass diese Wirklichkeit selbst wieder nur eine Art Reflexion oder eine Art Spiegel darstellt. Indem er seine Augen zur Natur hinwandte und die verschiedenen Erscheinungsformen auf sich wirken ließ, bemerkte er im Stillen tiefe Seelenregungen und innerste Eindrücke der bestehenden Wirklichkeit und der Wesenhaftigkeit eines sich verkündenden Geistes. Durch diese Wahrnehmungen konnte zwischen Mensch und Schöpfung keine so große Trennung auftreten, wie sie heute im allgemeinen existiert. Die Entfremdungstendenzen waren damals noch nicht in diesem Maße vorhanden. Es fehlte noch der willentliche Zugriff der eigenen Mentalität auf die Schöpfung, und somit war die Schöpfung ein Ausdruck einer größeren Hierarchie oder ein Ausdruck des Atems des Schöpfers selbst. Der Bürger in den damaligen Jahrhunderten bemerkte sein Wesen im Geiste und er bemerkte, dass all die Schöpfungskräfte durch sich selbst einen Ausdruck darstellen. Sie verkündeten ihm eine Einheit im Geiste und aller Wesen durch Gott. Nicht das menschliche Selbstbewusstsein, sondern ein weitaus größeres, erhabenes Bewusstsein in einer Allmacht stand im Mittelpunkt des Fühlens. Das Ziel aller Bemühungen war noch mehr als heute ein göttlicher Wille, und so fühlte der Bürger etwa zur Zeit Jakob Böhmes, dass es einen sterblichen und einen unsterblichen Sinn wahrhaftig gibt. Durch dieses feine Unterscheiden und durch diese innerste Seelenstimmung war es möglich, den Tod nicht in diesem Maße wie heute als einen Abriss des Lebens zu bewerten. Die Menschen hatten früher weniger Angst vor dem Tode. Sie empfanden den Tod nur als eine Station im Leben, aber nicht wirklich als ein Ende. Sie fühlten, dass ihr Leben nicht der Mittelpunkt der Schöpfung war. Sie fühlten Gott in ihrem Leben als Mittelpunkt und als die Einzigartigkeit im Gesamten.

Stellen wir uns aber dieses unterschiedliche Fühlen heute einmal vor. Damals bestand eine natürliche Einordnung und eine natürliche Beziehung zur Materie. Erst als das naturwissenschaftliche Prinzip immer mehr überhandnahm und die experimentellen Forschungen neue Gesetze und großartige Errungenschaften entwickelten, kamen die Probleme der innersten Finsternis der Seele und der Entfremdung tatsächlich als ernste bedrohliche Kräfte in unser Leben herein. Der Materialismus, wie er gegenwärtig in unserem Selbstbewusstsein vorherrscht, verdrängt den Atem Gottes und die Sicht der Wirklichkeit und drängt uns immer weiter in ein Prinzip der Steigerung. Wir sind von der ständigen Angst bedroht, unsere Identität und unser Selbstbewusstsein zu verlieren.

Das Selbstbewusstsein, das der Materialismus hervorbringt, ist in Wirklichkeit kein günstiges, genaugenommen ist es kein brauchbares Selbstbewusstsein. Dieses Selbstbewusstsein gründet auf Werten, die einmal vergehen müssen. Somit fehlt es in unserer Kultur am meisten an der Einordnung und an der Wirklichkeit und Identität des eigenen Wesens. Wir benötigen in der Erziehung ein Selbstbewusstsein, das sich auf Wahrheit und Wahrhaftigkeit gründet. Wir benötigen ein Selbstbewusstsein, das sich auf viel tiefere Werte stützt, als es der Erfolg, das materielle Lebensgefühl und die Sinnesreize hervorbringen können.

Die Erziehung zu Wahrhaftigkeit, solider Charakterstärke und zu einer edlen Tugendanlage erfordert von unserem Wesen als Lehrer oder als verantwortliche Personen eine unbedingte Überwindung unserer materialistischen Anlage. Diese Anlage existiert in der Psyche und im Denken. So gesehen ist die Erziehung eine Bitternis für das nach Bequemlichkeit strebende Gemüt. Wir müssen bei uns selbst Grenzen überschreiten, womit wir aufgefordert sind, gewisse Arbeiten zu verrichten und Entscheidungen zu treffen, die wir tatsächlich nicht gerne tun. Nehmen wir einmal an, unsere Kinder beginnen im achten, neunten oder zehnten Lebensjahr plötzlich mit eigenartigen Versteckheiten und unaufrichtigen Worten. Oder nehmen wir an, unsere Kinder schleichen sich heimlich aus dem Haus und hintergehen damit unsere Autorität. Dies ist besonders in der Jugendzeit gerne der Fall. Wenn wir solche Ereignisse beobachten, dann stellt sich uns die Frage, wie wir selbst auf die Kinder wirken und welche Fehler wir selbst bei uns machen, dass diese eigenartigen Unwahrhaftigkeiten bei den jungen Bürgern auftreten. Wir sind mit diesen Beobachtungen entschieden aufgefordert, ein tieferes und reineres Empfindungsleben und Innenleben zu entwickeln. Die Lüge, die die Kinder in den verschiedenen Altersabschnitten begehen, ist in Wirklichkeit ein Spiegelbild für uns selbst. Hier erleben wir unsere eigene Lebensangst. Lüge ist in Wirklichkeit Lebensangst. Lüge ist immer mit einer inneren Mutlosigkeit und inneren Resignation dem wahrhaftigen Leben gegenüber verbunden. Wir benötigen wieder einen wirklichen Glauben an ein höheres und erfüllteres Dasein aus dem Geist und aus einer ewigen Existenz. Wir dürfen als Eltern nicht dem Irrtum verfallen zu glauben, das Leben sei ohne Geschmack, ohne Reiz und Würze, wenn wir den üblichen Sinnesreizen und den üblichen materialistischen Tendenzen der Zeit nicht mehr folgen. Wir dürfen nicht davor zurückschrecken, unsere individuelle, innere Bewusstheit zu entfalten und uns aus den üblichen Illusionen der Konsumgesellschaft zu erheben, indem wir die leidenschaftliche Jagd nach den vergänglichen Objekten von Lust und Begierde zurückweisen und uns tieferen und reineren Zielen des Lebens hingeben. Indem wir uns selbst im Bewusstsein erheben, tragen wir zur Moralerziehung unserer Kinder bei. Die Kinder werden ganz automatisch das Lügen aufhören, wenn wir unsere eigene Abhängigkeit zum materiellen Lebensprinzip und zu den Gelüsten und Reizerscheinungen der Welt mehr zurückweisen.

Was liegt im Bereich unserer eigenen Handlungskraft, wenn wir die Kinder beim Lügen ertappen? Welche Möglichkeiten der Bestrafung oder Zurechtweisung können wir hier anwenden? Die Strafe ist für die Kinder ein sehr ungünstiges Mittel. Wir sollten so wenig wie möglich auf das Mittel der Strafe zurückgreifen müssen. Wenn Kinder offensichtlich lügen, so liegt es an unserem Vermögen und an unserer Überzeugungskraft, dass wir in einer ganz klaren Richtigstellung und in einer ganz klaren Konfrontation eine Anweisung geben. Wir sagen beispielsweise zu dem Kinde: »Das ist Lüge, das darfst du nicht!« Wir sprechen in einem Ton, der direkt und überzeugend wirkt. Wir werden dem Kind keine Drohungen über eine beispielsweise zu erwartende Höllenstrafe oder Todsünde auferlegen. Viele Eltern versuchen heute mehr auf eine intellektuelle Art, dem Kinde eine Erklärung über die Untugend der Lüge zu geben und auf die Notwendigkeit von aufrichtigem Sprechen zu verweisen. Gerade hierin liegt aber für das frühe Kindesalter, etwa bis zum elften Lebensjahr, eine große Schwierigkeit. Das Kind hat in Wirklichkeit Angst und ist durch bestimmte Kräfteeinflüsse, die meistens tatsächlich aus uns selbst kommen, zu einer unwahrhaftigen Aussage oder Tat gezwungen. Wir müssen unbedingt bei dieser Betrachtung feststellen, dass die Lüge immer ein Zeichen der Schwäche ist. Diesem Zeichen der Schwäche begegnen wir am wirksamsten, indem wir uns selbst im Rückgrat aufrichten und unsere Augen besinnlich öffnen und, ohne dem Kinde Angst einzuflößen, eine klare Zurechtweisung und eine klare Anweisung geben. Wir sprechen überzeugend die Worte: »Das darfst du nicht!« Je überzeugender diese Anweisung mit unserer persönlichen Ausstrahlung verbunden ist, um so mehr bewirkt sie eine tiefgreifende Veränderung im Seelenwesen des Kindes. Das Kind wird dadurch nicht nur ermahnt, es wird im Rückgrat auf ganz subtile Weise gestärkt. Dem Kinde fließen durch unsere eigene Haltung neue Kräfte zu, und es wird sich mit unwahrhaftigen Aussagen in der Zukunft schwerer tun. So verstehen wir die Lüge als ein Zeichen der Schwäche in der Persönlichkeit. Dulden wir die Lügen bei den Kindern, so werden wir ihnen damit keinen wirklichen Gefallen tun. Es ist die Erziehung zu dieser ungewöhnlichen Art der Selbstüberwindung und der Selbstbefreiung zu mehr Weite, Klarheit und vor allem zu einer wirklichen Persönlichkeit mit uns selbst in Verbindung. Die Entfaltung unserer eigenen Persönlichkeit zu einer feineren Dimension des Erlebens und zu einem höheren inneren Ideal führt zu einem kraftvollen Wort, das in der Erziehung für sich selbst spricht und keine großartigen Erklärungen benötigt. Erst zu einer späteren Zeit, wenn die Verstandeskräfte zu einem Realitätsbewusstsein und zu einem besseren Überschauen der Verhältnisse herangereift sind, dann erst sollten wir besondere Erklärungen zu dem Wesen der Moral und Tugend geben. Die Jugendlichen können wir in einer erklärenden Weise auf die Schäden, die durch Lügen entstehen, hinweisen. Es ist wahr, dass jede Lüge eine innerste Schwächung im gesamten Persönlichkeitsgefühl bewirkt und schließlich den Menschen langsam zu Fall bringt. Deshalb ist die Moralerziehung zu Wahrhaftigkeit eine der wichtigsten Maßnahmen, die von unserem Bewusstsein genau beurteilt werden soll.

Im Laufe des dritten Lebensjahrsiebtes müssen viele Eltern bei der Entwicklung ihrer Kinder feststellen, dass diese Wege im Leben einschlagen, die sie vielleicht aus moralischen, ethischen, gesellschaftlichen oder sozialen Gründen ablehnen. Die tiefen Differenzen zwischen Eltern und Jugendlichen, die man auch als Generationskonflikt bezeichnen kann, sind für beide Parteien sehr schmerzhaft. Die Jugendlichen würden sicherlich gerne eine Harmonie mit ihren Eltern bewahren, und die Eltern würden gerne die ihnen Anvertrauten auf sicheren Wegen sehen, aber das Schicksal ruft sie oft auf dramatische Weise auseinander. Die Wege zu mehr Einheit, Harmonie, Frieden und Gegenseitigkeit, zu Hilfsbereitschaft und Achtung führen nicht über Diskussionen und Belehrungen. Es zeigt sich gerade hier der Wert einer wahrhaftig gelebten Religion und einer Verwirklichung des Glaubens inmitten des Lebens. Solange nur religiöse Bekenntnisse nach konfessionellen Einteilungen den Glauben bestimmen, entstehen weitere Trennungen und schmerzliche Erfahrungen von Verlust und Missachtung. Die gelebte Religion ist die tiefste Selbsterziehung, die es gibt. Eltern, die diese Kunst, die wahrhaftig eine höchste Lebenskunst darstellt, erlernen, werden ihre verlorenen Kinder wiederfinden. Sie werden die Familie versöhnen und eine faszinierende Anziehung auf die vereinsamte Seelenstimmung des Jugendlichen ausüben und ihn von innen heraus zu einer tiefen Heimkehr bewegen. Die inneren Wege in der Seele sind niemals Trennung, sondern Einheit und Liebe, und sie sind getragen von einem verborgenen, mysteriösen, gemeinsamen Willen.

Körperübungen für Kinder und Jugendliche als Begleitung zur Erziehung

Die typische Form des Yoga mit Konzentrationsübungen, bewussten Entspannungstechniken und Meditationsanleitungen ist sowohl für die kleinen Kinder als auch für die Jugendlichen ungeeignet. Die typische Disziplin des Yoga, die durch eine bewusste Kontrolle der Gedanken und Gefühle wie auch durch eine sehr sorgfältige Körperübungsarbeit gekennzeichnet ist, wäre sogar in den ersten zwanzig Lebensjahren in der Anwendung beeinträchtigend und schädigend. Ein zu frühes Aufnehmen von Konzentrationsübungen würde den Kindern die natürliche, sich autonom ausgestaltende, weise Willensenergie rauben und die Organbildekraft deformieren. Yoga im Sinne einer direkten Bewusstseinsarbeit ist mit dem kindlichen Wesen und seinem sich in die Welt hineinlebenden Werdegang nicht vereinbar.

Viele Eltern fragen heute nach einer sinnvollen Unterstützung durch Yoga und seiner Übungsweise, denn die Kinder leiden an Konzentrationsschwierigkeiten, frühzeitigen Haltungsproblemen, an Akzeleration und dem sich ausweitenden Problemkreis mit Wirbelsäulenverkrümmungen und zudem noch an extrem nervösen und nervlichen Belastungen. Anlässlich dieser Problematiken erscheint es sehr wichtig, in einer geeigneten Form Körperübungen für Kinder und Jugendliche anzubieten. Die Vielzahl der Yoga-*āsana* bietet hier eine sehr breite Perspektive zu einer spielerischen, kindgerechten Körperarbeit. Die Übungen erscheinen in der angemessenen Form nicht mehr als typische *āsana*, als Stellungen in bewegungsloser Ruhe, sondern mehr als reine Gesten und Gebärden. Kinder werden nicht zu einer Bewusstseinsphase bei den Übungen aufgefordert und sie werden auch nicht zu speziellen Konzentrationsschritten angeleitet. Ihr Körper ist noch weich und beweglich, und so können sie auf gymnastische, spielerische Weise Stellungen vollbringen, die den Erwachsenen gänzlich unzugänglich sind. Die Verletzungsgefahr ist bei Kindern während des Übens relativ gering. Ihr Körper ist anpassungsfähig, geschmeidig und in seiner Spontaneität bereit zur Bewegung. Die Geschmeidigkeit besteht vor allem noch bei den kleinen Kindern und verliert sich zunehmend im zweiten und dritten

Lebensjahrsiebt. Insofern wird eine steigende Achtsamkeit in der Entwicklung von gymnastischen Übungen bei älteren Kindern und Jugendlichen erforderlich.

Die Körperübungsweise ist ein rein gebärdendes, spontanes, lebendiges, nachahmendes und ideenschaffendes Spiel. Dieses Spiel bleibt auch noch in der Jugend erhalten, wenn auch dann schon die ersten Schritte zur Sorgfalt und klaren Spannungsverteilung im Körper erfolgen. Das Spiel ist die beste Möglichkeit, die Materie zu erforschen, zu erkennen und zu durchdringen. Das Leben ist ein immerwährender Austausch und eine unendliche Bewegung von bewusster und unbewusster Willensenergie. Im Spiel mit den Körperübungen lernen die Kinder und Jugendlichen auf natürliche Weise den Körper kennen und sie erleben in einer faszinierenden Nachahmung Symbole und Zeichen. Ihre mentalen Kräfte sind nicht unmittelbar gefordert, und so kann das Nervensystem durch das Spiel der Bewegungen und durch das Einswerden mit einem Symbol oder einer Rolle eine heilsame schöpferische Pause erhalten. Die Kinder lernen indirekt durch ihre spontane Teilnahme und durch ihr natürliches, bewegtes Interesse am Spiel der Bewegung.

Durch diese indirekte, gebärdende, nachahmende oder rein spielerische Teilhabe an den Bewegungen fördert sich eine natürliche, erbauende Konzentration und eine wachsende Flexibilität in Gelenken, Muskulatur und Wirbelsäule. Die große Problematik der Haltungsdegenerationen, die schon in bedrohlichem Maße bei Kindern einsetzt, kann leichter verhindert werden. Das Problem der Nervosität wird ebenfalls gelindert. Die Kinder kommen durch die spielerische und interessierte Teilnahme leichter zur Ruhe. Sie gewinnen eine Freude und einen natürlichen Respekt vor dem Lehrer und sie machen den Eltern Gebärden vor, die diese in Staunen versetzen.

Das Problem der Nervosität hängt sehr eng mit der Wirbelsäule und ihrer natürlichen Aufrichtekraft zusammen. Die Wirbelsäule ist die Achse unserer Aufgerichtetheit im Körper und sie ist für das ganze Leben hindurch der organische Träger der Persönlichkeit. Die Problematik der Nervosität und der Haltungsschwächen sowie auch der Konzentrationsstörungen ist vielseitiger Art. Grundsätzlich besitzen die

Kinder heute viel zu wenig natürliche Aktivität, und sie können durch die konsumierende Haltung gegenüber dem Spielwarenangebot kein rechtes schöpferisches Spielen entwickeln. Das Nervensystem der Kinder benötigt aber heute einen schöpferischen, natürlichen Ausgleich, und somit ist es für unsere Kinder wichtig, dass sie sinnvolle Rollen- und einfache Gebärdenspiele mit dem Körper ausführen. Für die gymnastischen Übungen benötigen die Kleinen lediglich eine Decke und eine bequeme und leichte Kleidung. Die natürliche Aktivität im Spiel mit den Bewegungen lässt das Nervensystem zur Ruhe kommen und wird der natürlichen Willensentwicklung gerecht.

Einige wenige Hinweise in praktisch-methodischer Form sind für die Eltern oder Übungsleiter hier sinnvoll, damit das Interesse im Bewegungsspiel leichter geweckt wird. Ein längeres Halten der Stellungen erweist sich grundsätzlich bei den Kindern als nicht günstig. Sie gehen auf gymnastisch elegante Weise in die Schildkröte, zeigen diese dem Lehrer vor und verlassen anschließend schon wieder die Stellung. So notwendig wie es für den Erwachsenen ist, eine Reihenfolge in systematischer Folge auszuführen, so unnötig erscheint sie in der Gymnastik für Kinder. Erwachsene müssen auch oftmals Bilder als Anschauungshilfe verwenden, während die Kinder die Übungen, und ganz besonders das Rückwärtsbeugen, noch so leicht vormachen können. Insgesamt zeigen die Kinder gerne den Erwachsenen ihre gelungenen Körperstellungen. Dies kann sich der Übungsleiter zunutze machen und dabei zu bestimmten Demonstrationen geschickt auffordern. Auch der Fotoapparat mag in manchen Stunden einen Anreiz bieten, damit die Kinder auch etwas korrekter und der Faszination der Stellung entsprechend gut in die Übung hineingehen. Wenn ein Yogalehrer einen Kinderkurs anbietet, der vielmehr ein spielerischer Gymnastikkurs ist, sollte er nicht länger als eine Stunde planen. Eine grundsätzliche Regel für Übungskurse und Anleitungen ist die Beachtung der Atemfreiheit. Der Atem ist ein autonom funktionierender Vorgang, in dessen eigene Prozesse der Lehrer nicht eingreifen soll. Bei allen Übungen bleibt der Atem unerwähnt; er wird in der Übung nicht in das Bewusstsein gerückt.

Welche Art von Übungen eignet sich für das erste Lebensjahrsiebt, insbesondere für die Kinder im fünften und sechsten Lebensjahr? Wir haben in den vorhergehenden Ausführungen bereits zur Kenntnis genommen, dass diese Entwicklungsphase ganz den subjektiven Antriebskräften unterliegt und das Kind noch keinen wirklichen Gedanken bei sich selbst entwickeln kann. Das erste Lebensjahrsiebt ist von einer Hülle des wesenhaften Einsseins mit der Umgebung getragen. Die Kinder leben sich durch Nachahmung in das Wesen ihrer Umgebung hinein. Sie nehmen durch ihre Nähe, Offenheit und Ungeschütztheit zur Außenwelt diese in ihr Inneres hinein. Sie lernen durch ein gebärdendes Sich-Hineinleben in die Sprache und in die Verhaltensregeln, die sie an den Eltern und Erziehern sehen. Hier in diesem Lebensjahrsiebt eignen sich sehr viele Übungen, die einen Tiernamen tragen und von der Gebärde auch eine charakteristische Form der Tiersymbolik aufweisen. Durch die Asanas öffnen sich die Sinne der Kinder für die bestimmten Gesten, die die Tiere charakterisieren. Intuitiv bemerkt die Kinderseele den wesenhaften Zusammenhang und überwindet durch die Übungsweise in der spielerischen und demonstrierenden Form die Tiergestalt. Wie ist die Überwindung der Tiergestalt zu verstehen?

Wir wissen aus der Embryologie und aus den Evolutionstheorien, dass wir entwicklungsgeschichtlich als Menschen das Tierreich überwunden haben. Die Tiere selbst stehen uns näher als die Pflanzen, und diese stehen uns näher als die festen Materialien, wie die Mineralien und die Erde. Es wäre aber falsch zu behaupten, dass das menschliche Wesen, als eine feinere und edlere Ausgestaltung, vom Tierreich abstammt. Die Evolution geschieht nicht von einem Niedrigeren zu einem Höheren oder von einem Gröberen zu einem Edleren und Feineren, sondern sie bestimmt sich vom Geiste der Einzigartigkeit ausgehend hinein in die Materie in all ihren vielfältigen Phänomenen und Erscheinungen. Der menschliche Geist ist der primäre Ausgangspunkt in einer universalen Dimension, der sich auf phänomenale Weise durch die Inkarnation in die Materie und Körperlichkeit millionenfach spezialisiert und ausdrückt. Wir haben in der Evolution durch die fortschreitende Entwicklung das Tierreich aus uns oder, besser gesagt, aus unserem universellen Geist ausgeatmet. Die Tiere sind ein Ergebnis einer Entwicklung, jedoch einer viel größeren und umfassenderen Evolution, als dass sie durch die Materie und ihre Gesetze wissenschaftlich vorstellbar und messbar wäre. Es ist ein göttlicher Geist, der sich in einer unendlichen Multiplikation durch die Individualität des Menschseins äußert. Unser Menschsein gründet sich auf dem Tierreich, das durch die einzigartige personale Schöpfungskraft ausgehaucht wird. Die Tiere sind Tiere geworden um unserer menschlichen und geistigen Reinheit im Gedanken willen.

Wir sind in unserem Dasein immerfort genötigt, die triebhafte Natur des tierischen oder leidenschaftlichen Lebens zu überwinden. Die wahre und reine Persönlichkeit des Menschseins beruht nicht nur auf einer Veredelung von Leidenschaften, sondern auf einer gänzlichen Überwindung und Neugestaltung der animalischen Instinktmechanismen. Diese Entwicklung ist sicherlich noch lange nicht abgeschlossen. Was hat aber diese Betrachtung der Wesensreiche von Tier- und Menschsein mit den Körperübungen für Kinder zu tun?

Die Kinder tragen eine ganz tiefe, unbewusste Erinnerung an die Tiergestalten in ihrem Inneren, die sie nun im Laufe des ganzen Lebens auf weitgehendste Weise durch eine Veredelung des Charakters und eine Entwicklung eines weiten und reinen Denkens überwinden sollen. Wir lassen sie deshalb in diesen frühen Jahren, etwa um das fünfte und sechste Lebensjahr aber auch noch in den nächsten Jahren der ersten Schulzeit, die Körperübungen ausführen, damit sie in das gebärdende und heitere Spiel der Bewegung mit dem Körper hineingehen. Sie ahmen die Schildkröte nach und demonstrieren den stolzen Schwan. Sie zeigen uns die Heuschrecke mit einem überschwenglichen Sprung in die Vertikale und machen uns mit Begeisterung den Fisch vor, der eigentlich ins Wasser gehört. Durch dieses gebärdende Spiel mit der Bewegung und auch gerade durch die heitere Demonstration überwinden sie schon in einem ersten, sehr unbewussten Sinne die Tiergestalten im Inneren. Sie entfalten Willenskraft, indem sie auf diese Weise nachahmend mit dem Körper tätig sind. Die Kinder rufen: »Schau Papa, das ist ein Kamel! ... «

Hier eignet sich für den, der den Kindern die Übungen lehren möchte, eine gewisse Systematik. Nehmen wir zur Verdeutlichung des bisher Gesagten mehrere kurzgefasste Beispiele. Wir haben eine ganze Anzahl von Übungen, die sich für das erste und das beginnende zweite Lebensjahrsieht hervorragend eignen. Die Namen der Übungen sind dabei aus der Tradition durch die Tiersymbolik geprägt. In früheren Zeiten wusste man, dass alle *āsana* eine bestimmte evolutionäre Bedeutung haben. Man nannte die Zahl der Evolution 8.400.000 und wusste gleichzeitig von

8.400.000 Yogastellungen. Wir demonstrieren dem Kinde die Schildkröte und weisen ganz besonders auf die Geste des Nach-innen-Einziehens in das eigene Haus oder in den eigenen Körper hin. Die Geste der Schildkröte ist die Geschlossenheit im Leibe. Indem wir diese Geste spielerisch andeuten, gewinnt unser junger Zögling einen imaginativ-intuitiven Eindruck über das Einziehen der Glieder in den Leib. (Aus der geistigen Forschung ergibt sich der tiefe Wesenszusammenhang, dass die Schildkröte im Erdensein ausgehaucht ist, da wir Menschen in unserer Haut einen abgegrenzten Körper bezogen haben.)

Jede dieser Stellungen besitzt eine Charakteristik und appelliert an unser tiefstes, noch im Unbewussten ruhendes Erinnerungsleben. Der Fisch ist allen Kindern bekannt. Er schwimmt im Wasser. Das Tier ist im Erdensein, da wir Menschen eine Lunge und ein Ernährungsleben durch die Atmung entwickelt haben. Bei der Stellung des Fisches, mit und auch ohne Lotus, ist es wichtig, auf den gehobenen Brustkorb hinzuweisen, der durchaus etwas übertrieben die Luft aufnimmt, während der Kopf wie unter Wasser taucht. Die Heuschrecke symbolisiert die Sehnen und das sprunghafte oder bewegungsaktive Willenselement. Hier ziehen wir den Vergleich zu dem spontanen Sprung der Wiesenheuschrecke heran und betonen das impulsive Hochschnellen in die Stellung.

Eine andere Stellung, die die Kinder relativ leicht ausführen können, ist die Taube. Die Taube erhebt sich in die Rückwärtsbeuge durch ein weites Öffnen des Brustkorbes. Die Taube ist das Tier, das mit unserer mittleren Brustorganisation verwandt ist. Wir betonen diese Geste des Hebens des Brustkorbes.

Eine für Kinder sehr schwierige Stellung, die man meist nur probieren kann, ist der Pfau. Dieser ist ganz besonders durch das Temperament geprägt. Er ist mehr ein marshaftes Tier und symbolisiert Interesse und Anziehung. Wir werden auf die Geste der Spontaneität und Schnelligkeit bei der Ausführung hinweisen.

Leichter ist der Adler, dessen Geste im Stehen mit umschlungenen Beinen und Armen dargestellt wird. Er symbolisiert das Auge. Wir weisen auf das scharfe Auge des Adlers hin, der alles sieht und jede kleinste Regung sofort wahrnimmt.

Wieder ganz anders erscheint die Geste des Kamels. Sie ist ganz von der Bewegung der Gliedmaßen geleitet. Das Kamel ist hoch und dünn. Weit greifen die Arme hinaus, zuerst in die Luft und dann erst an die Fersen. Das Kamel ist das typische Tier, das die Gliedmaßen unserer menschlichen Organisation bezeichnet.

Der Löwe bringt den Kindern sicherlich etwas Aufregung und Temperament. Er ist durch das Feuer im Herzen getragen und symbolisiert von alters her den Kampf.

Nahezu ein Gegensatz vom Ausdruck und der Erinnerung ist die Kuh oder, besser gesagt, das Kuhgesicht. Es ist das weiche, zufriedene, heimische Empfinden im Ausdruck des Gesichtes, auf das wir hinweisen. Die Kuh ist das sanfte ernährende Wesen, das uns ein vertrautes Heimatgefühl schenkt.

Anders ist wieder die Krähe, die sehr frech und erregt mit ihren Flügeln vor uns aufgeplustert erscheint. Die Krähe hat etwas Versuchendes und ist sehr leidenschaftlich, oder man müsste sogar sagen, sie hat eine begierige Nase.

Für die Kinder sind solche Stellungen, die rein technische Exaktheit erfordern, noch sehr schwer zu erlernen und sollten damit auch vermieden werden. Der Kopfstand ist beispielsweise für ganz kleine Kinder zu schwierig. Das Pferd aber können sie mit über den Kopf erhobenen Händen ausführen. Es ist ein Zeichen der Leichtigkeit in der Geste des Pferdes. Auf das Erhobensein der Hände und auf den weit geöffneten Blick, der wie ein befreiender Ausblick erscheint, ist die Aufmerksamkeit zu richten.

Eine letzte hier angegebene Stellung erscheint nun als Krönung zu allen bisherigen – das ist der erhobene Schwan. (Die Königskobra wird so genannt.) Wir weisen unseren kleinen Zögling darauf hin, dass er sich erst einmal weit mit dem Oberkörper vom Boden hochhebt und dann erst die Füße auf den Kopf stellt. Der Schwan ist ein edles Tier, und das können wir dem Kinde auch so sagen. (In älteren Zeiten wurde der Schwan als Sinnbild für *puruṣa* oder die bewusste Seele genommen.)

Auf diese Weise lässt sich ein Gebärdenspiel entwickeln, welches das Kind auf unbewusste und ungezwungene Weise durch die Erinnerung führt und eine Freude am realen Leben entfacht. Unsere Kinder leben gerade im ersten Lebensjahrsiebt noch ganz in der reinen Wesenswelt. Sie empfinden mit diesen Übungen eine lebendige Wirklichkeit und erfreuen sich der natürlichen, schöpferischen Demonstration und Ausdrucksweise. Sie schlüpfen in die Rolle der vorgezeigten Imagination und erleben unbewusst eine innere Überwindung der Tiergestalt.

In der Mitte des zweiten Lebensjahrsiebtes sollte mehr das innere Empfinden durch die Blumen und ihre Namen eine Förderung erhalten. Wir demonstrieren den Kindern verschiedene Gesten und benennen sie mit einer bestimmten, ihnen bekannten Blume. Einige wenige Beispiele mögen diesen inneren Wesenszusammenhang aufzeigen:

Der Schulterstand ist wie die Rose und die Lotushaltung wie eine auf dem Wasser schwimmende Seerose. Vielleicht müssen wir die Hände demonstrierend wie zu einem Blütenkelch geöffnet zu Hilfe nehmen, um den Charakter der Blume näherzuführen. Die Kinder sind in diesem Lebensjahrsiebt wahrhaftig wie freudige Blüten oder Blumen, die empfangend die Gedanken von den Erwachsenen aufnehmen. Die Krokusblüte ist ganz niedrig am Boden. Sie lässt sich mit der etwas schwierigen, aber sehr variablen Drehung in der einbeinigen Kopf-Knie-Stellung demonstrieren. Das Atemkreuz, das auch mohammedanische Gebetshaltung genannt wird, entspricht in der inneren Bedeutungszugehörigkeit der Sonnenblume, das kleine Gänseblümchen mit seinem zierlich schmückenden Charakter dem Hochschnellen mit Händen und Füßen. Der Ehrenpreis, der mit einer winzigkleinen bläulichen Blüte unaufdringlich zwischen den Wiesengräsern gedeiht, ist wie die Verneigung im Yoga Mudra, die winterliche Christrose ist, wie der Baum und die Gleichgewichtsstellungen, der Enzian in seiner erhobenen blauen Gestalt erscheint sinnbildlich in der balancierenden Kopf-Knie-Stellung. Es gibt viele verschiedene Beispiele, wie wir die schöpferische Natur in einen Wesenszusammenhang mit dem Gebärdenspiel des Körpers bringen können. Diese Beispiele über den Wesenszusammenhang von Körperübungen und Blumen sind aus der Imagination geschaut. Der Lehrer wird hier aber keine Fehler machen, wenn er bestimmte Körperübungen ohne diese tiefere Imaginationssicht mit bestimmten Blumennamen nach seinem gefühlsmäßigen Eindruck benennt.

Ganz anders aber wird die Übungsweise für Jugendliche, die im Erwachen des Bewusstseins begriffen sind. Hier wird der Lehrer auf die Spannungen, besonders auf die Spannungsverteilung, Spannungsentwicklung und einem Grenzertasten zur Spannung hinweisen. Geeignete Übungen sind hier ganz besonders die Waage, der Pfau, der Kopfstand, die Kopf-Knie-Stellung, der Bogen, das Dreieck, die Schiefe Ebene, das Kamel und das Rad. Die Betonung liegt nun auf einer körperlichen, soliden, intensiven Übungspraxis, die manchmal die Haltezeiten nach einem größtmöglichen Maß wählt, damit das Erleben des Grenzüberschreitens eintritt. Hierfür sollten nicht die Stellungen wie der Kopfstand oder die Kopf-Knie-Stellung gewählt werden, sondern solche wie der Bogen, die einen lebhaften körperlichen Einsatz erfordern, bei gleichzeitiger Entspannung der Schultern und des Nackens.

Hier in diesem dritten Lebensjahrsiebt liegt die Entwicklung der Konzentration noch ganz in der vitalen Körperwelt. Dieses Lebensjahrsiebt eignet sich sehr gut für eine gediegene und exakte Übungspraxis mit spannkräftigen Yogaasanas. Dabei kann der Lehrer, der Jugendliche unterrichtet, in seiner Pädagogik auf feinfühlige Weise auf das Grenzüberschreiten achten und es durch geschickte Anleitung im Unterricht fördern.

Dies sind einige wenige Gedanken, wie Körperübungen in den ersten drei Lebensjahrsiebten zur Unterstützung und Entwicklung eines gesunden Nervensystems und einer gesunden Haltung eingesetzt werden können.

Der Tod von Kindern

Hier, gegen Ende der Ausführungen über die Erziehung, scheint es sehr wertvoll, über ein sehr dramatisches Ereignis zu sprechen – dies ist der Tod von Kindern. Der überlieferte katholische Glaube hat im Volk noch einen letzten Rest von Wissen hinterlassen über die innere Bedeutung des Todes von Kindern. Man weiß noch aus den vergangenen Zeiten, dass jene Kinder, die sehr früh das Leben verlassen, in den engelhaften Himmel eingehen. Man erzählt von den Kindern, die nicht mehr irdische Bürger sind, dass sie im Engelreich aufgenommen sind und dort als Engel verweilen. Diese Anschauung ist tatsächlich, wenn auch sehr einfach und sehr volkstümlich ausgedrückt, richtig. Heute kennt man aber diesen Zusammenhang nicht mehr wirklich, da man in diese Welten nicht mehr hineinschauen kann. Im Volk aber hat sich ein letzter Rest einer Imagination oder eines tiefen Wissens davon bewahrt.

Betrachten wir einmal den Tod aus der Sicht des irdischen Lebens. Der Tod ist ein zu unserem ganzen Dasein zugehöriges Ereignis und wird mit Sicherheit zu einer gewissen Zeit eintreten müssen. Der Tod ist wahrhaftig dasjenige, das die größte und unausweichlichste Gewissheit unseres Lebens ist. Der Tod von Kindern aber ist ein außergewöhnlich schmerzliches Ereignis für die Eltern. Hier herrscht wahrhaftig eine Tragödie. Wenn Eltern ein Kind verlieren, dann ist das schlimmer für sie, als ihre eigene Persönlichkeit oder ihr eigenes Leben zu verlieren. Es ist für den Vater wie auch für die Mutter und ebenso für die Geschwister ein qualvoller Einbruch in die eigene Empfindungswelt. Das Leben scheint mit dem Tod eines Kindes zu zerbrechen. Wer dieses Ereignis in der Familie einmal erlebt hat oder sogar als Elternteil durchstehen musste, der weiß von der Dramatik und von der inneren Verletzung, die hier eintritt. Für eine Familie gibt es wahrhaftig nichts Schlimmeres als den Tod eines Kindes. Trotz dieser dramatischen Tragödie, die meist nur über eine sehr lange Zeitspanne hinweg bewältigt werden kann, liegt in diesem Geschehen eine tiefe, sinnhafte Bedeutung. In der Wirklichkeit der geistigen oder jenseitigen Welt fühlt sich dieser Vorgang ganz anders an. Aus diesem Grunde wollen wir einmal diesen schmerzlichen irdischen Todesprozess auf eine geistig-imaginative Weise weiterverfolgen.

In den bisherigen Ausführungen haben wir bereits über das engelhafte Wirken in der Kindeswelt gesprochen. Gerade im ersten Lebensjahrsiebt leiten hohe und höchste Engel die ersten Bewegungen und führen damit auf eine autonom-universale Weise das Willensleben des kleinen Zöglings. Auch im zweiten Lebensjahrsiebt wirken sehr hohe Engel und geben dem Kinde ein reines Aussehen sowie auch eine tiefe Bereitschaft zu Hingabe und Ehrfurcht. Dieses Wirken der Engelwesen ist charakteristisch für das Kind. Ein Kind ist nicht nur vom Wirken des Engels geführt, es ist selbst noch ganz ein Engel. Dies mag man vielleicht in bestimmten Situationen des Lebens wahrnehmen. Man sieht diese engelhafte Gestalt gerade bei zwei-, drei- oder vierjährigen Knaben und Mädchen. Man sieht sehr eindrucksvoll, wie sie im reinen Lichte und in der Heiterkeit eines universellen Geistes glänzen. Sie sind selbst ganz von engelhafter Leichtigkeit und Freude erfüllt. Sie sind wahrhaftig Engelwesen. Deshalb hatte man auch in den Gemälden früherer Zeiten die Kinder immer mit Engelsgesichtern oder als Engelsgestalten abgebildet. Die Kinder sind in den ersten Jahren noch ganz Geist, sie sind noch ganz wie zarte, lichtvolle Blüten im Leben, sie sind wie die Engelsreinheit und Engelsliebe. Sie sind himmlische Bürger im irdischen Kleid. Ihnen haftet noch keine Sünde an. Das, was wir als das Böse oder als eine ungöttliche Widersprüchlichkeit bezeichnen, das, was wir Unsittlichkeit, moralisch schlecht oder auch argwöhnisch nennen, ist den Kindern vollkommen fremd. Obwohl die Kinder trotzig sein können und obwohl sie unglaublich starke Energien zur Verteidigung oder heftigste Affekte hervorbringen können, sind sie in ihrer Wirklichkeit noch frei von Sünde. Ihr Angesicht ist das Angesicht des reinen Lichtes und des reinen Wesens eines geistigen Bürgers. In diesem Lichte sehen unsere beladenen Augen die Kinder normalerweise selten. Wir sehen und beurteilen sie heute vielleicht etwas zu sehr als Persönlichkeiten, oder wir nehmen sie zu sehr mit unserem emotionalen Gemüt gefangen und beschweren sie somit mit vielen romantischen und sentimentalen Projektionen. Das Sehen des kindlichen Angesichtes und seiner reinen Gestalt ist eine ganz tiefe Erfahrung, die heute wieder entdeckt und erlebt werden soll. Die Eltern lernen damit die Kinder wieder weitaus mehr als reine Bürger dieser Welt schätzen.

Die Ursache, dass wir die Kinder nicht mehr in diesem reinen Lichtweben und in den reinen Lichtgestaltungen sehen, ist wohl darin begründet, dass wir sehr stark die Körperlichkeit überbetonen und uns somit selbst Schranken in der eigenen Wahrnehmung setzen. Es ist wohl die Körperlichkeit, die in einer Engelsreinheit strahlt, aber noch viel mehr strahlt diese Engelsreinheit im Ausdruck, der ganz besonders im Angesicht und in den Bewegungen und heiteren Spielen des jungen Erdenbürgers hervortritt. Diesen Ausdruck sollten wir wieder lesen lernen und wir sollten ihn identifizieren als einen geistigen oder himmlischen Ausdruck, als eine Offenbarung einer unendlichen Reinheit und Weisheit. Durch diesen Blick sehen wir, dass die Kinder uns gegeben sind und dass sie ein Segen für unsere Familie sind. Wir erfreuen uns ihrer Heiterkeit und wir erfreuen uns ihrer himmlischen Reinheit.

Es ist eine tiefe Tatsache, dass wir allgemein durch unsere Gewohnheiten und unsere Routinehandlungen all dasjenige nicht mehr schätzen können, was uns umgibt. Unsere Umgebung wird uns zur Gewohnheit, und so wird uns auch das mitmenschliche Zusammensein zur Gewohnheit. Das Zusammensein zwischen Eltern und Kindern wird zum Alltag und zur Routine. Wir sehen den anderen, aber wir sehen den anderen nicht wirklich in seiner Ausdrucksart. Das ist eine tiefe allgemeine Wahrheit, die natürlich nur in einem gewissen Sinne und mehr oder weniger zutrifft, aber es ist wahr, dass all dasjenige, das uns im Leben täglich entgegentritt und unsere Sinne gefangennimmt, für uns nicht wirklich in seiner ureigenen Gestalt sichtbar wird. Am meisten werden wir aufmerksam auf die sinnliche Erscheinung, wenn wir diese tatsächlich verlieren. So gewinnen wir auch oftmals erst dann ein wirkliches Bewusstsein für einen Menschen, wenn wir diesen verlieren. Dies trifft für den Verlust unserer Verwandten, Bekannten und Freunde zu; dies trifft für unsere Großväter und Väter zu, und es trifft nun ganz besonders für die kleinen Kinder zu. Ab jenem Moment, in dem der andere abscheidet, wird er uns im Bewusstsein unmittelbar nahe. Wir sterben gleichsam mit ihm für einen Augenblick oder wir sterben für ihn tatsächlich unmittelbar mit, so, wie es bei den Kindern tatsächlich der Fall ist. Wenn ein Kind stirbt, so haben wir inniglich den Schmerz, als ob wir selbst im Leben alles verloren hätten. Qualvoll sind wir in das Leben hineingerissen ohne Schatz und ohne Herz. Das Kind war unsere ganze Liebe und unser ganzes Leben. So werden wir mit dem Tod eines Kindes mit einer Wirklichkeit konfrontiert, die uns über die körperlichen und psychischen Grenzen hinaus fordert.

Eine tiefe Wahrheit lebt aber in der Aussage, dass sehr oft all jene Ereignisse, die im Irdischen sehr bitter, schmerzvoll und zersetzend sind, im Geistigen tatsächlich eine erbauende und erkraftende Bedeutung haben. Das, was wir als Tod bezeichnen und das uns zutiefst bis in die Organe hinein schmerzt, ist in Wirklichkeit im geistigen Leben Licht und Freude. Vom jenseitigen Standpunkt aus betrachtet lebt hier eine erlösende und befreiende Heiterkeit. Hier lebt eine Welt, die den Schmerz hinter sich lässt. Der Schmerz über den Tod eines Kindes geht hinein in die Organe und er manifestiert sich mit einer qualvollen Austrocknung der Sinne. Dieser Schmerz aber verbleibt ganz im Körper, er berührt noch nicht wirklich die Seele, er berührt noch nicht wirklich das allerinnerste Geheimnis unseres Menschseins. Nehmen wir einmal zur Verdeutlichung dieser Sätze an, wir könnten unmittelbar das kindliche Wesen in der geistigen Himmelswelt oder, wie wir sagen, im Jenseitigen erschauen. Wir würden darin die heitere Freude des Kindes erblicken, und wir würden sogar bemerken, dass dieses Kind fortan für uns und unsere Frömmigkeit lange Zeit anwesend sein wird. Die verstorbenen Kinder, die uns so sehr nahe am Herzen liegen und die lange Zeit nicht mehr aus der Erinnerung weichen, bleiben tatsächlich engelhaft bei uns. Sie sind in Wirklichkeit nicht gestorben, sie haben nur ihren Ort oder ihren Aufenthalt verändert.

So tragen die Kinder einen heilsamen, bereinigenden und erbauenden Segen in unser irdisches Leben hinein. Sie bleiben fortan bei uns. Aus dieser reinen Kinderseele, die im Jenseitigen auf uns herunterblickt und nahe mit unserem Gemüte verweilt, fließen all jene Kräfte herab, die uns im Gemüte zur Frömmigkeit und zur Religion, zur inneren Bewusstheit und zur Erkenntnis des Lebens führen. So wird nach dem Tod eines Kindes unser Leben schmerzlich im Körper und in den Organen berührt, aber es wird gleichzeitig von einer Engelsmacht fortan begleitet.

Hier stellt sich die Frage, wie lange diese Kinderseelen bei uns bleiben. Diese Frage lässt sich sehr einfach beantworten. Sie bleiben so lange bei uns in unserer Nähe und in unserer inneren, tiefen Bewusstheit, so lange wir die Erinnerung an sie aufrechterhalten. Die Erinnerung ist das tiefe Zeichen der geistigen Verbindung. Durch die Erinnerung an sie stehen wir auch mit ihnen in einer nahen und unmittelbaren Verbindung. Diese geistig-imaginative Sicht sollte aber nicht auf materialistische Weise missverstanden werden; sie sollte ganz einfach so vor die Seele gerückt werden, wie sie hier gegeben ist.[3] (siehe Anhang)

Die Indigokinder

Georg Kühlewind, ein bekannter anthroposophischer Autor, schreibt in der Wochenzeitschrift für Anthroposophie über die sogenannten Sternkinder oder Indigokinder. Die Indigokinder tragen ihren Namen durch die Angaben einer amerikanischen Forscherin, die die Aura dieser Kinder las und sie mit der Indigofarbe benannte. Indigokinder sind hochintelligente, besondere, wache Kinder, die durch ihre Verhaltensweisen eine überaus faszinierende individuelle Größe und ein intelligentes, gerechtes Selbstbewusstsein darstellen. Innerhalb der zunehmenden Individualisierung, die sich auf die gesamte Menschheit ergießt und sich bereits auch in den Kinderseelen widerspiegelt, vertreten nun die Sternenkinder ihren eigenen individuellen Charakter mit Bewusstsein, Intelligenz und Wissen. Die Kinder scheinen bereits von Anfang an zu wissen, wer sie sind, und sie scheinen auch ein gewisses, außerordentliches, faszinierendes spirituelles Potential mitzubringen und es sogar in den jungen Jahren nach außen zu leben. Bei Intelligenztests rangieren sie über dem normalen Durchschnittsquotienten und bei ungerechten Verhaltensweisen, die von Erwachsenen ausgehen, beginnen sie, mit Zurückweisung, Verachtung oder mit besonderer Originalität des Auftretens zu antworten. Sie scheinen gegenüber den Erwachsenen keine Lüge zu dulden. Ihr Blick ist wachsam und intelligent, und ihre vitale wie auch seelische Energie überragt alle anderen Durchschnittskinder.

Georg Kühlewind schreibt in seinem Aufsatz:

»Das Kleinkind war immer Fremdling in der Welt der Erwachsenen, da es aus einer Welt kommt, in der das Sein zugleich Kommunizieren ist, eine Kommunikation ohne Zeichen, unmittelbare Urkommunikation bedeutungsartiger Wesen, die die Menschengeister im Vorgeburtlichen sind. ... Das erste, was gleich nach der Geburt einem – den Eltern vor allem – auffallen kann, ist der sehr frühe Blickkontakt, der meistens sofort nach der Geburt stattfindet. ... Und der Blick dieser neuen Kinder ... ist kein Baby-Blick, sondern der eines reifen, selbstbewussten, weisen Menschen. Diesen selbstbewussten Blick kann man von einem solchen unterscheiden, der nur in die Welt ›hinausschaut‹. Das Selbstbewusstsein im Blick ist nicht zu übersehen. Nicht nur Selbstbewusstsein sieht man in diesem Blick, sondern Würde. Diese wird später das ganze Benehmen des Kindes bezeichnen.

Der Blick verrät noch etwas anderes, wenn man ihn zu verstehen lernt: dass die Umgebung, die Erwachsenen für ihn durchsichtig sind. Das ›Durchschauen‹ ist eine Fähigkeit, die allen Kleinkindern eigen ist, aber bei den Sternkindern kann der Erwachsene diese Eigenschaft im Blick des Kindes wahrnehmen; später kann das Kind auch zum Ausdruck bringen, was es im Erwachsenen sieht.

Von Anfang an zeigen diese Kinder einen eigenen, individuellen Charakter und vertreten diesen sehr bewusst; sie wissen, wer sie sind. ... Es ist aber mehr oder weniger bekannt, dass nicht ausgelebte Geistigkeit (Kreativität) sich zu Widerspenstigkeit, Verhaltensstörung, Süchtigkeiten, Kriminalität, in seelische und körperliche Krankheit pervertiert. Die ›schwierigen‹ Kinder und was gegebenenfalls aus ihnen wird, das kommt aus der Veranlagung der Sternenkinder, wenn sie ihre Mission, den Sinn ihres Daseins verloren haben. ... Denn Pädagogik, immer mehr zur Heilpädagogik gedrängt, kann oder könnte nur unter der Bedingung wirksam sein, dass der Pädagoge seine Aufmerksamkeit bis zur Fähigkeit zu geistigen Erfahrungen erzieht und steigert. Nur dadurch könnte er der Individualität des Kindes gerecht werden: durch eigene ›Hier-und-jetzt‹-Intuition, Liebe, Hingabe, das heißt grenzenlos gesteigerte Aufmerksamkeit, auch im Fühlen und Wollen, die erkennende Fähigkeiten werden. Bewusstseinsschulung, Aufmerksamkeitsschulung sollte eines der Hauptfächer der Pädagogen-Ausbildung sein.«

Die Indigokinder erscheinen in ihrer Zahl zunehmend häufiger, und bald jeder Lehrer an Volksschulen, Realschulen und auch Gymnasien kennt die hochbegabten Heranreifenden, die scheinbar der Zeit und den gesamten Lehrplänen voraus sind. Für uns stellt sich die Frage, welche seelische Grundlage in den Kindern lebt und wie diese im Bewusstsein so frühzeitig erwachten Seelen sich in der Welt und in der sozialen Kultur einfügen können. Es stellt sich auch die Frage nach der früheren Existenz dieser Kinder. Haben sie in einem früheren Leben Großartiges geleistet und kommen nun diese Seelen in Form von hochintelligenten Kindern auf die Erde, um den Mitmenschen, vor allen Dingen den Erwachsenen ein Geheimnis mitzuteilen? Werden sie

Lehrer, Führer, Künstler, die unsere Zukunft in der folgenden, schwierigen, materialistischen Kulturperiode verändern und verwandeln? Oder handelt es sich um eine bloße Phänomenologie der Intelligenz, die sich bei den Kindern aus der Erwachsenensphäre durch Übertragung widerspiegelt, eine Intelligenz also, die relativ unabhängig von der karmischen Herkunft der Kinder stattfindet? Wo ist die Wahrheit? Wo liegen die wahren Verbindungen der Seele und welche Bedeutung hat die Aurenfarbe, die tatsächlich bei vielen dem Indigo ähnlich ist oder direkt ihr entspricht?

Wenn wir zu der Beantwortung der verschiedenen Fragen übergehen und auf möglichst genaue geisteswissenschaftliche Weise das aufkommende Problem oder das faszinierende Phänomen der Indigokinder untersuchen und es in den Kontext der weiteren Pädagogik und zukünftigen Entwicklung der Menschheit stellen, so wollen wir nicht mit intellektuellen Deutungsversuchen und schematisierten Zuordnungen arbeiten, sondern unmittelbar anhand der Phänomene die innere Wahrheit bis hinein in die geistige Konsequenz und Dimension prüfen. Die Aura darf dabei nicht nur nach dem ersten Eindruck der farbähnlichen Schimmerungen gedeutet werden. Das Auralesen beansprucht eine tiefere, präzisere, differenzierte Erkenntnismethode, und sie muss in den verschiedenen Schichten des Äther-, des Astral- und des Urbildeleibes gelesen werden. Mit der Erscheinung der Indigokinder gibt es tatsächlich zwei verschiedene Reaktionsweisen der Umgebung. Eine relativ große Anzahl von Menschen ist fasziniert und beeindruckt von dem hohen Intelligenzgrad und den ethisch überragenden Verhaltensweisen der Kinder. Sie sind vor allen Dingen auch beeindruckt von der übermäßigen Wachheit und Klarheit der individuell selbstbewussten Art des Benehmens von den Kindern. Eine andere Gruppe, die unter den Pädagogen besteht, begegnet dem Phänomen jedoch mit großer Skepsis und fühlt sich gerade durch die in der Minorität stehenden Kinder überfordert oder auch sogar provoziert. Manche sagen, eine überragende Liebe und ein hoher Ethos spreche aus den Augen dieser Kinderseelen. Und manche sagen, dass sie diese Kinder nicht ertragen wollen und bemängeln ihr frühzeitiges Wachsein, ihr Selbstbewusstsein, sie sehen eine Arroganz im Verhalten, sie kritisieren ihren ausgeprägten Gerechtigkeitssinn und weisen sie in den Gesprächen zurück.

Ich will einmal mit einem sehr persönlichen Eindruck die Gedanken und Angaben der Interpretationen von Georg Kühlewind aufgreifen und mit einigen Unterscheidungskriterien belegen, die ganz besonders einer geisteswissenschaftlichen Forschung im Sinne der Wesens- und *karma*-Erkenntnis für mich angemessen erscheint. Für diese Erkenntnisbildung ist die innere Signatur einer Sache, eines Aufsatzes oder einer Thematik von ganz besonderer Wichtigkeit. So, wie Georg Kühlewind den Kindern entgegengeht, die als Fremdlinge, wie er es bezeichnet, in die Welt hereintreten, bringt er ihnen nach meiner Ansicht weniger eine wirkliche Liebe, eine wirkliche Aufmerksamkeit und Achtung entgegen, sondern mehr eine devotionale Verehrung, eine Mittenstellung, ja, fast eine Apotheose, die die Kinder nicht wirklich in eine Stellung der Welt und in das soziale Leben eingliedert. Dem faszinierenden Phänomen der Intelligenz und des Reifegrades der Indigokinder, der jungen Seelen, die scheinbar wie großartige Lehrer und Erzieher in das Leben von uns Erwachsenen hereintreten, wird ein Ideal zugeschrieben, das nicht der Wirklichkeit einer inneren Ansicht, der Aura und der inneren seelischen Wahrheit entspricht. Dieser Eindruck entsteht bei der Betrachtung des schließenden Teils, wenn Dr. Kühlewind von Aufmerksamkeitsschulung und »Hier-und-jetzt«-Intuition spricht, denn obwohl diese Begriffe auf eine differenzierte Geistigkeit hinweisen könnten, so erfüllt er sie doch mehr mit einem mystischen Erleben. Die Kinder werden aus dieser Erfahrungssicht nicht wirklich gesehen, sondern sie werden plötzlich angebetet, verehrt und in Faszination und Würde über alle bisherige menschliche Kultur gestellt.

Welche Eindrücke zeigen sich bei Betrachtung der einzelnen Wesensglieder hochintelligenter Kinder, wenn wir nicht nur die Aura auf ein äußeres Farbenspiel untersuchen, sondern mehr auf die innere Bedeutung achten? Nehmen wir zu der Betrachtung einige wesentliche Phänomene, die Indigokinder charakterisieren. Der charakteristische Blick der Kinder, der bereits schon in den ersten Tagen nach der Geburt eintreten kann, scheint viel wachsamer, erhabener und eindringlicher als der Blick von gewöhnlichen Kindern. Sie schauen so eindringlich, als ob sie über sich selbst und über den anderen von allem Anfang an Bescheid wissen und dabei trotz ihrer noch nicht ausgeprägten Gehirnanlage ein klares Bewusstsein in der Gegenwart erfahren. Woher kommt dieser Blick, der ausdruckskräftig und eindringlich die Umgebung wahrnimmt? Manches Mal ist dieser Blick würdevoller, sanfter, aber manches Mal ist er auch tatsächlich so eindringlich, dass er von der Umgebung als unangenehm empfunden werden kann. Wir würden nun bei der Betrachtung eines Kindes annehmen, dass sich eine hohe Inkarnation in das Erdenkleid begeben hat. Wenn wir an die Präexistenz der Seele glauben – und in unserem Kreis wie auch in anthroposophischen Kreisen ist das üblich –, so müssen wir unweigerlich die Annahme teilen, dass es sich bei diesen Kindern um geistige, große Persönlichkeiten handle, die im früheren Leben bereits einen hohen Reifegrad der Entwicklung erworben haben und sie nun keine Erziehung mehr benötigen. Bei genauerer Untersuchung ist es aber in den allerwenigsten Verhältnissen der Fall, dass es sich um eine außerordentlich hohe Inkarnation handelt, denn es liegen die Tatsachen in der gesamten Entwicklung des Heranreifens einer Seele doch anders. Die Kinder gelangen bereits in den ersten Tagen oder Wochen nach ihrer Geburt in einen gesteigerten energetischen Zustand, der aus dem Verhältnis der Erwachsenen zueinander und zum Kinde erklärbar wird. Es ist dabei sehr unwichtig, ob die Erwachsenen bereits einen Einfluss auf das Kind in Form von Erziehung ausüben konnten, oder ob das Kind bereits unmittelbar nach der Geburt mit dem wachsamen Blick in die Welt hineinschaut und sein Selbstbewusstsein äußert. Die Erwachsenen haben in der Regel eine besondere Fähigkeit, die bezeichnenderweise mit dem Denken und Fühlen für andere beschrieben werden kann. Je mehr die Eltern oder auch bestimmte Erzieher oder Verwandte beispielsweise die Fähigkeit des Denkens an andere ausgeprägt haben, um so mehr kann sich das natürliche energetische Gleichgewicht zugunsten eines zunehmenden Wachwerdens und Energetisierens der Kinder verlagern. Die Eltern sind dabei meist nicht in einer ruhigen Zuordnung, in einer gediegenen Festigkeit ihrer Lebenssituation, sondern kämpfen um Ideale, ringen um Anerkennung, Stellung, Position und fördern durch ihren ethischen wie auch spirituellen Lebenskampf die Seele eines Kindes. Die Kinder erhalten durch die Eltern oder auch durch andere Personen eine besondere Energie und erfahren die Wachheit im Selbstbewusstsein und die Formung der Individualität mit einer außergewöhnlichen Schnelligkeit und Direktheit. Sie nehmen eine besondere Stellung von allem Anfang an ein und gewinnen eine tiefere Urbildekraft. Die Kinder sind aber nicht wie ein Spiegel zu den Eltern, sondern sie stehen in einer Art Doppelvalenz, in einer Expression verschiedener extremer Spannungszustände, die heute für die Situation der Erziehung charakteristisch sind. Ein progressiver Prozess von Energien durchwaltet auf sehr spannungsreiche, unterschiedliche Art die Eltern und die Kinder. Die Kinder sind aber vorerst diejenigen, die den energetisch höheren Nutzen gewinnen. Sie empfangen mehr, als sie für eine wirklich gesunde Entwicklung verarbeiten könnten. Durch den Zustrom der Energie sind die Kinder wesentlich freier als diejenigen in ihrem geschwisterlichen Umfeld, denn sie können bereits frühzeitig ihren Willen ergreifen und mit größerer Aufmerksamkeit in die Welt hineintreten. Sie sind nicht so sehr von den Hindernissen der gewöhnlichen Träumerei und Plumpheit der Leiblichkeit gefangen genommen. Ihre Seele kann sich sehr leicht in den Körper inkarnieren. Das energetische Gleichgewicht, das sich innerhalb des Blickes zugunsten der Kinder zeigt, ist nicht auf dem Astralleib gegründet und auch nicht auf den Ätherleib begrenzt, sondern es ist unmittelbar innerhalb der geheimnisvollen physischen Hülle, innerhalb des pneuma hagion, innerhalb der Urbildekräfte der Schöpfersubstanzen einer Persönlichkeit. In der Regel erkennen wir bei den Eltern oder innerhalb des Umfeldes der Kinder eine gewisse Schwierigkeit zur Entwicklung der innersten Stabilität der Persönlichkeit. Das Gleichgewicht in der Persönlichkeit verlagert sich zugunsten der Kinderseele. In den allerinnersten, heiligsten, geheimnisvollsten Regionen, die eine Seele besitzt, findet dieser energetische, ambivalente Prozess statt.

Ein zweites Phänomen, das die Indigokinder bezeichnet, ist ihr hoher Gerechtigkeitssinn, ihr hoher Ethos im Sinne von Spiritualität, wahrem Leben und moralischen Verhaltensformen im Zueinander. Eine große Schätzung der Liebe scheint ein außerordentliches Charakteristikum der Indigokinder zu sein. Auf Lüge, die die Umgebung darstellt, reagieren sie mit intuitiver Gewandtheit, auf alle Täuschungen oder Gemeinheiten mit Verachtung. Die Kinder erscheinen nahezu wie ein großartiger Wahrheitsspiegel für das wirkliche Seelenleben zu sein. Diese Erscheinung kann vielfach bei Indigokindern beobachtet werden. Sie existiert tatsächlich. Aber können wir aus diesen Eindrücken, die bei den Kindern ersichtlich sind, auf die wirkliche Persönlichkeit des Kindes schließen? Und können wir gerade infolge dieses hohen aufkommenden Ethos die Kinder als geniale, weise Inkarnationen anschauen? Die Antworten sind schwer zu finden und nicht pauschal zu treffen. Gerade aber mit Interpretationen zu den Phänomenen und Gefühlen, die bis zur Idealisierung reichen, müssen wir außerordentlich vorsichtig sein, denn es handelt sich hier meistens um eine ganz eigenartige Verlagerung der Seelensubstanzen. Diese Verlagerung der Seelensubstanzen oder des Astralleibes ist ein charakteristisches Phänomen, das allgemein früher nur mehr im geistigen Schulungsprozess bekannt war. Da jedoch geistige Schulungsprozesse nicht unbedingt fern von dem Leben sind und ganz besonders in unserer jüngeren Zeit immer häufiger innerhalb des gewöhnlichen Lebens auftreten, so tritt auch gerade innerhalb der Pädagogik und der Begegnung von Eltern, Lehrern und Erziehenden zu den Kindern der Fall auf, dass sich ein astralischer Anteil einer Seele nicht dort einfindet, wo er gewöhnlich beheimatet wäre, sondern sich auf eine Kinderseele herniedersenkt. Suchen wir das Umgebungsfeld nach bestimmten persönlichen Merkmalen ab, so werden wir oft dort, wo ein hoher Ethos bei einem Kind auftritt, auch gleichzeitig ein Defizit oder sogar einen direkten Abstieg bei einem anderen Menschen feststellen. Ein anderer Mensch wird in die Neigung einer Psychose, eines erheblich gestörten Leib-Seele-Verhältnisses geraten. Der Astralleib verlagert sich zugunsten des Kindes von einem der Mitmenschen hinüber und bewirkt eine außerordentliche Faszination des Gerechtigkeitsdenkens und -fühlens. Das Kind besitzt deshalb eine so besondere, originelle Geiststruktur und einen überragenden Wahrheitssinn. Es nimmt aber die Seele nicht den Weg über gewöhnliche Verhältnisse, sondern über die ungewöhnliche Art einer Wanderung des Astralleibes. In Wirklichkeit liegt bei den meisten Indigokindern eine pathologische Astralordnung vor, die sich in der Umgebung widerspiegelt und die aber zugunsten des Kindes einen Ausdruck nimmt.

Die Wanderungen von Astralleibern oder Anteilen des Astralleibes von einem Menschen zu einem anderen wird in unserer gegenwärtigen Kultur immer häufiger, da sich im Allgemeinen der Zeit ein gelöstes und gelockertes Leib-Seele-Verhältnis entwickelt hat. Die Seelen sind heute nicht mehr so tief in ihrem Leibzusammenhang und können aus diesem Grunde leicht exkarnieren. Der Astralleib ist derjenige Teil der Seele, der sich oftmals sehr schwer in seinen Erdenzusammenhang hineinbewegt und der dadurch zu einem sehr labilen Glied innerhalb der gesellschaftlichen, sozialen Gesamtordnung wird. Die vielen Erscheinungsformen, die wir mit dem Krankheitsbild Nervenzusammenbruch, Psychose oder in harmloser Weise als Nervosität, nervöse Erschöpfung kennen, sind ein Ausdruck für die Labilität des bestehenden Leib-Seele-Verhältnisses.

Nicht ein wirkliches Gleichgewicht, nicht ein von innen, vom werdenden Seelenspross des Kindes ausgehender Ethos erwacht in die Welt hinein, sondern eine Verlagerung von astralen Kräften von anderen Menschen zu den Kindern ist es, die die Entwicklung kennzeichnet. Es sind nicht progressive Seelenentfaltungsvorgänge, vielmehr sind es Ausdrucksformen für labile menschliche Verhältnisse und Ungleichheiten in der kollektiven Menschheit.

Die stabile und nicht von außen kommende Geistigkeit ist im tiefsten Innersten unserer Seele als eine außerordentliche, intelligente Willenskraft tätig, die wir als Seele, als Inkarnat, als das wirklich Innere bezeichnen können. Diese intelligente Kraft wird aber in unserer Kultur durch die äußeren Maßnahmen, durch die religiösen Kulthandlungen und allgemein durch die menschlichen Ziele sehr wenig gefördert. Da die Ziele, die wir Menschen im Leben motivieren, am wenigsten geistige Ziele, sondern meist materielle oder einseitig sozial orientierte sind, ergeben sich innerhalb der gesamten Astralordnung immer größere Bedrängnisse zu Leistung und Fortschritt. Diese Disharmonien, diese eigenartigen Spannungsverlagerungen der Leistungsgesellschaft drücken sich ganz besonders im Verhältnis von Eltern zu den Kindern und im pädagogischen Sinne von Lehrern zu den Schülern aus. Nicht eine wirklich neue Generation ist es, die die Indigokinder darstellen, sondern ein Ausdruck der astralen Disharmonie strahlt uns durch den überwältigenden und hohen Ethos der Kinder entgegen. Aber es ist nicht das Eigentum der Kinder, sondern es ist in Wirklichkeit ein verlagerter Seelenvorgang, der sich bei einem Kinde manifestiert und der in der Gesamtheit der Astralordnung ein großes Ungleichgewicht beschreibt.

Da diese Kinder – und es muss ausdrücklich dazugesagt werden, dass es sich hier schon um ein recht schwerwiegendes Phänomen handelt – einen Astralleib besitzen, der sie überstrahlt und sogar gewissermaßen durchdringt, der aber nicht ihnen gehört, reagieren die Kinder beispielsweise nicht auf Strafe oder nicht auf Ablehnung. Gleichzeitig ist das hyperaktive Syndrom häufig bei ihnen sichtbar, denn sie sind unermüdlich in ihrer Energie und scheinen Reserven in immenser Weise zu besitzen. Die Kinder sind aus dieser Astralkraft heraus zu größter Phantasie und effektiven Leistungen fähig. Sie können Begabungen an den Tag bringen und Erfindungen demonstrieren, die meist kein Erwachsener zuwege bringt. Aber es sind nicht wirklich die Kinder, sondern es ist eine übernommene Astralität, die den Kindern plötzlich oder für geraume Zeit zur Verfügung steht.

Wenn man von diesen Kindern ein Horoskop erstellt, so wird in den meisten Fällen die Hochbegabung durch die Planetenkonstellation nachweisbar sein. Tatsächlich sind diese Kinder innerhalb des Geburtsortes und der Geburtszeit von einem oder einigen sehr guten Planeten geführt. Ein lebenskräftiger Einfluss fließt ihnen in hohem Maße zu. Sie sind von ihrer Intelligenz Sternenkinder und sie bringen daher aus dem früheren Leben eine gewisse Begabung mit. Diese Begabung darf aber nicht einfach als besonderer und reiner Seelenzustand gewertet werden, und es darf vor allen Dingen nicht sofort der Eindruck entflammen, dass es sich um außerordentliche Inkarnationen handle, denn die Intelligenz beruht noch nicht auf einer ganzheitlichen Durchformung des Charakters. Immer mehr Kinder kommen in die Welt, die Begabungen und Fähigkeiten von großartig faszinierender Weise mit sich bringen. Diese Fähigkeiten beruhen auf Diensten, die im früheren Leben erworben wurden, aber diese Fähigkeiten sind noch nicht durch das Ich geformt und im Ich gegründet und daher müssen sie zunächst als eine ganz natürliche Veranlagung verstanden werden. Es dürfen nicht zu viel Trugschlüsse auf eine besondere Persönlichkeitsstruktur erfolgen. Tun wir den Kindern wirklich so viel Gutes, wenn wir sie als unsere Lehrer oder als die zukünftigen Weltenretter zelebrieren? Finden die Kinder wirklich in die richtige Einordnung der Gesellschaft, wenn sie von Anfang an eine Aufmerksamkeit bekommen, die auf Verehrung und Anbetung beruht? Die Kinder nehmen zu sehr die Mittenrolle für das erwachsene Leben ein und sie gewinnen dadurch Energien, die von dem moralischen und geistigen Leben der Erzieher abgezogen wird.

Das Wort »Liebe« ist von dem inneren Erkennen, inneren Seelenzustand und inneren Wesen erfüllt, das wir hineinlegen. In den meisten pädagogischen Mühen und auch in anthroposophischen Schulen kann der Eindruck nicht verwehrt bleiben, dass der Begriff »Liebe« nicht im wirklichen Weltenurgrund gesehen, sondern auf die Kinder projiziert wird.

Die Kinder besitzen aber noch nicht wirklich ein Ich, sondern sie sind in diesem Sinne von einem Ich geleitet und überstrahlt. Sie sind von einer größeren Intelligenz oder von einem fantastischen, interaktiven, menschlichen Geheimnis geführt. Der tragende Geist aus einem höchsten Bewusstsein, aus einer Transzendenz des reinen, schöpferischen Urgeistes ist meist nicht gewahrt. Die Kinder, selbst die Indigokinder, strahlen nicht ein Ich und damit eine Liebe von innen heraus aus, sondern sie sind von astralen Kräften geleitet, die an Liebe erinnern können, aber die nicht wirklich in der Liebe manifestiert sind. Die Liebe als reine Transzendenz zu entdecken und zu erkennen wird in unserer Kultur und gegenwärtigen Zeit immer schwieriger, da sie sich so schwer innerhalb einer Menschenseele inkarnieren kann. Die zahlreichen Verlagerungsprozesse von Astralleibern und die vielen inneren energetischen Ungleichgewichte täuschen eine Liebe vor, die in Wirklichkeit nur sehr begrenzt zum Gedeihen einer aufrichtigen Kultur verwertbar ist. Die Liebe sollte nicht zu sehr emotional gefesselt sein und sie sollte im pädagogischen Zeitgeist nicht den vielen Faszinationen und Projektionen unterliegen, die wir als Erwachsene auf ein Ideal oder auf ein Phänomen der Weltenschöpfung reflektieren.

Für die Sternenkinder ist das Dasein schwierig, denn sie finden sich durch Anlagen in das Leben hinein, die schwer integrierfähig sind. Die Kinder benötigen heute reife Pädagogen oder Menschen, die in der innersten Persönlichkeit gefestigt sind. Diese Festigkeit in der inneren Persönlichkeit, die Unabhängigkeit gegenüber äußeren, oberflächlichen Lebenssicherheiten, die Bereitschaft, sich Idealen und Aufgaben des Daseins hinzuwenden, ist wahrlich durch die Wirrnisse des Materialismus schwer geworden. Die Kinder nehmen eine Energie bis hinein in ihre Persönlichkeitsstruktur auf, die sie für später dann nicht mehr behalten und in die Transformierung des sozialen Lebens führen können. Die Kinder können ganz besonders von dem Wesen der Kriminalität heimgesucht werden. Es liegt an uns Erwachsenen, wie wir uns selbst erziehen, wie wir Stabilität, Unabhängigkeit, Reinheit und wirkliche Aufmerksamkeit zu der Umgebung wie auch zu geistigen Wahrheiten finden und wie wir mit dieser innersten Persönlichkeitsstruktur schließlich auf die Kinder hinüberwirken. Das energetische Gleichgewicht und die progressive, kontinuierliche Förderung der Anlagen, Fähigkeiten und Schöpferkräfte geschieht weniger durch die Methoden, die wir anwenden, sondern durch uns selbst und unser eigenes innerstes Charakterleben und Verhalten. Das Bewusstsein in uns selbst schenkt die Stabilität, und die Würde unserer Persönlichkeit gibt nach außen hin ein Gleichgewicht, das sich zur Ordnung der verworrenen und ambivalenten Verhältnisse positiv manifestiert. Auf der Grundlage einer Persönlichkeit, die sich in den geistigen Wahrheiten zunehmend mehr gründet, entsteht auch ein Gleichgewicht innerhalb der verschiedenen Sensibilitätsgrade. Ein großes Dilemma verursachen die übersensiblen Reaktionsweisen der Kinder. Die Erwachsenen können oftmals gar nicht verstehen, wie feinfühlig manche Kinder auf Ereignisse oder auf Einflüsse von zwischenmenschlichen Konflikten reagieren. Wir stehen in einem Dilemma von verschiedenen Sensibilitätsgraden. Die Sensibilität wird zur Verletzbarkeit und erscheint dann als ein Problem, das zahlreiche weitere Schwierigkeiten im Umgang und im Miteinander erzeugt. Indem wir uns aber selbst zur Spiritualität auf rechte Weise erziehen – und hier ist zu sagen: auf rechte Weise, denn nicht auf mystische, einseitige Weise wollen wir uns zur Spiritualität entwickeln, sondern durch eine wirklich spirituell-mentale, klare Formung des Gedanken- und Empfindungslebens – bewirken wir ein Gleichgewicht in den astralen, zwischenmenschlichen Verhältnissen und tragen dazu bei, dass Sensibilitätsgrade, Übersensibilität und Desensibilität, mehr zur Waage und zum interaktiven, produktiven Zueinander finden. Es ist wahrlich die rechte Selbsterziehung zu Spiritualität, zu einem sozialen Leben, zu Aufmerksamkeit im Miteinander heute von dringlichster Notwendigkeit, damit wir ein pädagogisches Umgehen zu den Kindern finden.

Die Kinder treten in vollkommener Unschuld, Reinheit und Schönheit in das weltliche, irdische Leben herein. Sie sind den astralen Verhältnissen, den energetischen Kräften und allgemein den irdischen Methoden und Umgangsformen ausgeliefert. Wenn wir die Kinder noch so sehr in die Mitte stellen, so können wir ihnen keinen wirklichen Gefallen leisten, denn die Kinder brauchen nicht eine übertriebene Aufmerksamkeit, noch eine Verehrung, sondern sie brauchen die Kraft des Miteinanders im Sinne gediegener und tief gegründeter, weiser Menschen. Der Mensch muss einen Weg zu Gott einschlagen, und dies nicht auf willkürlicher Art, sondern auf bewusste Weise durch die Entwicklung eines aktiven Bewusstseins. Eine wahre Selbsterkenntnis und Selbstreformierung führen zu Festigkeit, sie führen auch zu einem inhaltsreichen Leben, damit wir im Gleichgewicht zu den Kindern von innen heraus eine heilende und entspannende Ordnung manifestieren können.

Die Indigokinder sind faszinierende Kinder. Sie brauchen für ihre Erziehung Erwachsene, die nicht zu ihnen hinaufschauen, die sie nicht anbeten, sondern die ihnen mit Weisheit und Bewusstheit gegenübertreten. Sie brauchen Menschen, die aus einer Mitte heraus, aus einem geistigen, bewussten Wissen sich zu ihnen in Beziehung setzen. Sie benötigen ein Ich im transzendenten Sinn, das ihnen gegenübertritt. Sie brauchen das Ich der Liebe im Urbildeleib, ein Ich, das bis in den Willen hinabgestiegen ist.

Epilog

Die weinenden und wehklagenden Kinderseelen rufen mit ihrer unhörbaren Stimme zu unseren Herzen. Sie rufen immerfort und ersehnen zutiefst ihre Eltern, die in Wirklichkeit ewige Eltern und ewige Heimat sind.

Die hungernde und dürstende Unschuld des Kindes verlangt nach der edlen Speise von uns Erwachsenen aus unserem reifen Lebenswerk. Diese Nahrung ist die Weisheit und Imagination, die so schwer in einer Welt von Logik und Berechnung zu finden ist.

Die zarte Heiligkeit strahlt durch das engelsgleiche Antlitz des kleinen Erdenbürgers und sucht das ihr ebenbildliche Ideal des Himmels, das so selten in diesen Tagen geworden ist.

Daher benötigen wir zur Kunst der Erziehung als Erstes die Feuerflamme der Verehrung und Ehrfurcht und als Zweites den Glanz der Weisheit und Erkenntnis und als Drittes die Fülle und Liebe aus der heiligen Welt göttlicher Beschauung.

Anhang

Anmerkungen

1) »Die Seelenseite des Lehrens und Erziehens«,
Auszug aus dem Vortrag vom 2. Juni 1993

Furcht und Ehrfurcht

Das geistige Leben kann als das unendliche, ewige Gut, als das unaussprechliche, immerwährende Wahrheitsbewusstsein bezeichnet werden. Das Individuum hat immer eine Beziehung zu diesem ewigen Leben. Jeder Mensch trägt in sich jene Kräfte, die eine unmittelbare Verbindung zu dem einen, ewigen Gut darstellen. Diese tiefe Verbindung zum Geistigen, die der Mensch als Wesensanlage in seinem Leben hat, bemerkt er meist selbst nicht. Unbewusst verweist ihn aber die Furcht auf etwas Höheres, das wir als Gott benennen.

Diese Furcht kann im Leben ziemliche Schwankungen hervorrufen, sie kann dem ringenden Individuum beträchtlich zu schaffen machen. Sein ganzes Leben, Tun und Lassen kann darunter leiden, ja, zerbrechen oder vollständig in diffuse Bereiche geraten. Die Furcht aber ist eine unmittelbare Beziehung zum Geistigen. Wenn sie durch eine tiefe Ausrichtung zum Göttlichen verwandelt wird, dann spricht man nicht mehr von Furcht, denn es ist Ehrfurcht aus ihr geworden. Die Furcht selbst aber ist im Menschen veranlagt.

Ein großer indischer Weisheitslehrer hat es einmal in etwa so ausgedrückt: ›Wenn Menschen keine Furcht in sich haben, wenn sie sich vor nichts mehr fürchten und sonst auch jegliche Art des ethischen Lebens verloren haben, sind sie zu allen Gemeinheiten und unberechenbaren Handlungen fähig.‹ Furcht ist eine naive Versunkenheit des Menschen, die aber unmittelbar eine Beziehung zum Geistigen hat. So hat der Mensch die Möglichkeit, die Anlage der Furcht in Ehrfurcht, Ehrerbietung, Verehrung, ja, in Liebe zu verwandeln. Ehrfurcht ist vielleicht etwas schwer zu verstehen. Die Ehrfurcht ist die höchste und edelste Tugend. Sie ist unmittelbar die Angst vor der Sünde, vor der Begierde und davor, andere zu verletzen.

Wenn wirklich Ehrfurcht gelebt wird, dann besitzt der Mensch in seinem Bewusstsein eine tiefe Herzensethik, die in einer subtilen Reinheit strahlt. Die Begierdekräfte, die Eifersucht, die Habsucht, all die dunklen Mächte, die überall in der Welt lauern, können ihn nicht mehr in dem Maße versuchen, denn er fürchtet dann diese Mächte der Versuchung und nicht mehr Gott. Die hohe Tugend der Ehrfurcht ist das Fürchten dieser Mächte und gleichzeitig die innerste Verehrung des Göttlichen.

Diese Ehrfurcht aber ist noch nicht wirklich geboren, wenn das Bewusstsein noch nicht durch Läuterung und Disziplinierung rein geworden ist. Die Furcht selbst übt im Menschen eine treibende Kraft aus. Sie kann den Menschen in sehr viele Handlungen hineintreiben, in positive Handlungen, aber auch in arge Verwicklung. Die Furcht äußert sich auch in Depressionen, in Jammern und in unnötigen Tränen, die Tränen der Wehleidigkeit und des Selbstmitleids sind. In solch einem Zustand der Furcht beklagt sich der Mensch nur über die Ungerechtigkeit und das Böse in der Welt, ohne aber zu sehen, wie diese auch in ihm selbst leben.

Furcht kann sich aber auch in dem gegensätzlichen Pol, in Zorn und in unangenehmen aggressiven Gefühlen äußern. Bei beiden Ausdrucksformen der Furcht stürzt der Mensch zunehmend mehr in die Leiblichkeit. Und wenn sie tief in der Leiblichkeit verankert ist, dann baut sich der Mensch durch Glaubensvorstellungen und verschiedene Konzepte eine Barriere auf. Er schafft sich diese Maßstäbe und Theorien vom Leben, um Sicherheit zu gewinnen. Er möchte die Furcht in irgendeiner Weise kompensieren. Indem er sich eine Religion mehr oder weniger als Konzept nimmt, kann er dieser Furcht wieder ein wenig entgehen, da er einen greifbaren Halt hat. Natürlich soll niemandem die Religion ausgeredet und das Festhalten an solchen Dingen genommen werden, aber im Großen und Ganzen sind viele Glaubensüberzeugungen und Gedankengänge, die sich der Mensch zur Sicherheit schafft, aus der Furcht geboren.

Was schafft man sich nicht alles an Versicherungen und Gesetzen? Der Mensch bemüht sich ständig um Sicherheit. Die Sicherheitsbestimmungen heute sind sehr groß. Der Mensch hat viele Bestimmungen geschaffen, die einerseits wohl notwendig für ihn sind, andererseits drücken sie eine gewaltige Angst des Menschen aus, eine Furcht vor dem Tode, vor dem Ewigen, vor dem Geistigen. Der Mensch tut alles, um den Tod zu verdrängen. Er möchte den Tod direkt herauslöschen aus seinem Leben und unbewusst sagt er sich: »Dass ich bloß nicht an dieses Ereignis denke, ich muss mich mit allen möglichen Dingen betäuben, damit mir nicht ins Bewusstsein kommt, dass dieses Leben, diese Gefühle, diese Welt mit all ihren Erscheinungen begrenzt ist und dass sich alles dies einmal auflösen muss.« An diese äußeren Dinge klammert er sich, um Beruhigung und

Sicherheit zu finden, um die Angst vor dem Tode zu kompensieren. Die Angst vor dem Tode ist aber im Prinzip nichts anderes als die Angst vor dem geistigen Leben, weil mit dem Tode die Seele hinaustritt in das geistige Reich.

Die Seele wird also einmal frei vom Körper. Ja, sie wird schließlich freier und freier, und es bleibt nur diese Blume der Seele übrig, dieses so edle Wesen aus Licht und Wärme. Aber der Mensch hat Angst davor, dass die Seele einmal hinaustritt, er hat die Furcht vor der Ewigkeit, vor der Unendlichkeit, er hat Furcht vor Gott. Und aus dieser Furcht heraus ist er gebunden und sogar getrieben. Er ist in einer gewaltigen Spannung, und diese regiert das Gemüt des Menschen. Die Überwindung der Furcht verlangt eine große Disziplinierung. Diese wird in Indien *tapas* genannt, die Unterwerfung des niedrigen Ich-Willens um eines höheren Willens wegen, damit die Furcht nicht ständig ein falsches Sicherheitsdenken nährt. So unterwirft derjenige, der zu dem geistigen Leben hinstrebt, seine gesamten Bemühungen und seinen Ich-Willen einem höheren Willen, damit er freier wird von dieser Furcht vor dem Ewigen.

Die Spannungsverhältnisse des Lebens sind groß, wie auch die Furcht im Menschen in der Regel sehr groß ist. Je größer die Spannungsverhältnisse sind, desto größer ist auch die Antriebskraft des Menschen. Durch die Furcht einerseits und andererseits durch das Drängen zu einer Erfüllung, zu einer größeren Liebe, zu einer weiteren Perspektive, zu einer glücklicheren und erfüllteren Daseinsstufe, aus einem schon freieren Empfinden und ungebundeneren, lichteren Kräftewirken heraus, kommt der Mensch immer mehr ins Arbeiten. Er lebt aus diesen Spannungen. So arbeitet der Mensch in der Regel viel und kommt nicht zur Ruhe. Er muss sich immer wieder neu bemühen, die Kräfte, die ihn in Depressionen und Abhängigkeiten hineinziehen, durch eine Bewusstseinsaktivierung zu überwinden. Er muss die Kräfte zurückdrängen oder bewusst in Ruhe lassen, um so dem Leben einen größeren Freiraum zu gewähren. So öffnet er sich durch Bewusstseinsaktivität einer größeren Kraft, durch Meditation lässt er sie direkt zu.

Die Kräfte der Depression, die Kräfte der Schwere und die Ängste des Menschen sind niemals ganz auszulöschen. Man sollte auch nicht versuchen, diesen Kräften vollständig zu entrinnen. Ihnen vollständig entrinnen zu wollen wäre eine Illusion. Die Furcht kann nur langsam verwandelt werden. Die Anlage zur Depression, die der Mensch in sich trägt, kann langsam in tiefere Verehrung, tiefere Liebe, tiefere Hingabe, in eine tiefere Ehrfurcht auf der Grundlage der

Reinheit verwandelt werden. Dann wird er stärker in sich selbst Sicherheit finden, und die Kräfte der Depression können ihn nicht mehr so leicht ins Schwanken bringen.

Die Spannungsverhältnisse, die ein Individuum in sich trägt, kommen aus einem früheren Leben. Sie richten sich mit einem bestimmten Verhältnis wieder in dieses Leben hinein und geben ihm die verschiedensten Formen und Ausprägungen. Der Mensch nimmt die Spannungen mit aus seinem früheren Werdegang. Dieser kann mit anderen Personen zusammenhängen, er hängt nicht nur vom Individuum selbst ab, denn die ganze Menschheit steht in irgendeiner Form untereinander in Verbindung. Dieses frühere Leben waltet im Menschen. Er hat Anlagen zu bestimmten Krankheiten und Konflikten mitgenommen. Diese Kräfte im Individuum, die sich im Auf und Nieder des sich ewig Wandelnden bewegen, die sich in einem ringenden Spiel und Kampf befinden, läutern ganz langsam die Seele und bringen, wenn der Mensch nicht den Kräften der Schwere unterliegt, einen lichteren Freiraum und ein lichteres Bewusstsein. An den Spannungen des Lebens wächst man. Ginge es einem immer sehr gut und wäre man immer mit allem zufrieden, so würde das geistige Licht, das ein Licht der ewigen Gnade ist und das erst geboren werden muss, nicht in den Menschen hineinkommen. Dieses geistige Licht würde zum Menschen keine Verbindung aufnehmen können. Aus den Spannungen und Konflikten heraus, aus den Verlusten und Opfern, die der Mensch in seinem Leben erleidet und leisten muss, kommt er immer mehr zu diesem göttlichen Licht der Gnade. Er spürt es zuerst ganz subtil in einer Art innerer, glaubender Hoffnung. Ganz langsam wird es geboren. Die Kräfte der Furcht helfen ihm, sie stehen mit diesem göttlichen Licht in Verbindung.

Die Furcht selbst braucht der Mensch nicht leugnen, er kann sie in Ehrfurcht verwandeln. Aber er muss dabei etwas überwinden, und das ist wichtig zu betrachten: Das, was der Mensch wirklich überwinden muss, ist das anschuldigende Bewusstsein, das falsche Urteilen, das er sich ständig durch eine gewisse Ignoranz und durch Rechtfertigung herausnimmt; das falsche Aussprechen von irgendwelchen »Wahrheiten«, die nur durch das Ich im niedrigen Sinne vertreten werden. Er muss die eigene Lüge überwinden, die Gefühle der Eifersucht, des Neides, des Zorns. Wenn er seinen Zorn zum Ausbruch kommen lässt, so ist das immer mit Verletzung verbunden. Diese Kräfte muss der Mensch überwinden, aber seine Furcht braucht er nicht zu überwinden. Seine primäre Furcht kann er behalten bis an sein Lebensende.

[2] »Die Seelenseite des Lehrens und Erziehens«,
Auszug aus dem Vortrag vom 28. Mai 1993

Die Unterscheidung von Seele und Gefühl

Von dem heiligen Wesen der Seele sind wir heute sehr weit entfernt. Unsere ganze Kultur ist von einer feineren Existenz des Lebens und des Seins in eine gröbere, lichtlose Schwere gestürzt. Die Seele hat eine ganz andere Bestimmung erfahren und wird weitgehend nur noch auf einer rein psychologischen Ebene verstanden. Was die heilige Lichtsphäre der Seele ist, vermag der Mensch heute nicht mehr zu erschauen, ja, nicht einmal mehr zu erahnen ...

Die heilige Seele in ihrem Lichtreich ist immerwährend mit dem Ewigen, dem Absoluten verbunden. Sie hat nichts Gemeinsames mit dem, was man an Gefühlen, an täglichen Wahrnehmungen und Empfindungen spürt. Sie geht nicht mit den Gefühlen der Sympathie und der Antipathie einher. Die Seele ist ein ewiges, unvergängliches, durch sich selbst wirkendes, durch sich selbst erkraftendes Sein.

Die Seele aber wird heute mit dem Gefühl verwechselt. Das Gefühl versteht man als das Seelische; damit ist aber auch das Denken nur noch intellektuelles Denken und das Willensprinzip wird immer mehr zu einem Leistungsprinzip. Das in sich warme und damit reine Seelenleben ist aber nicht ein Gefühl, vielmehr sind Gefühl und wirklich inneres Seelenleben zwei völlig verschiedene Bereiche. Heute dominiert das intellektuelle Leben oder ein mit dem Intellektuellen verwickeltes Gefühlsleben. Die Seele selbst ist dieser Welt so fern wie die Sterne am Himmel der Erde fern sind. Die Denk- und Gefühlsmuster bewegen sich auf einer sich ständig wandelnden Oberfläche. Die Seele jedoch ist immer mit Wahrheit verbunden, und Wahrheit wiederum ist mit dem Glaubensprinzip verbunden. Glaube und Seele sind im Grunde das Gleiche.

Früher wusste man Glaube und Seele als eines zu werten. Heute dagegen haben sich die Begriffe auf die Gefühlsebene verlagert. Das ist ein sehr tragisches Geschehen, das folgenschwere Auswirkungen für die Menschheit in sich trägt. Der Mensch versucht das Seelische zu finden, hofft auf seelische Wärme, auf Zufriedenheit, aber kennt die Gesetze der Erde und des Himmels nicht mehr. Er vergisst heute auch die höhere Verantwortung, die er durch sein ganzes Leben hindurch tragen sollte, und leugnet die höhere Wahrheit und den höheren

Sinn des Daseins. Der Mensch leugnet eine höhere Freude und eine höhere Erfüllung. Die eigentliche Wahrheitsempfindung entgleitet immer mehr in eine nicht mehr spürbare Dimension. Emotionen, starre Gedankenmuster und Kräfte eines oberflächlichen Temperamentes gewinnen immer mehr die Oberhand.

Wenn der heutige Mensch sich auf sein Inneres besinnen möchte, dann findet er eine Leere vor. Er findet bei sich nicht eine Fülle und Wärme, sondern eine Sinnlosigkeit und Leere im Dasein. Unter dieser Sinnlosigkeit leidet eigentlich die ganze Menschheit. Sie leidet unter der seelischen Verarmung, unter dem fehlenden, wärmenden Innenleben und versucht durch psychologische Begrifflichkeiten, durch Therapien oder durch sonstige, eher äußere Versuche der Kompensation in irgendeiner Weise mit den Gefühlen der Sinnlosigkeit und Leere umzugehen und so eine Lösung zu finden. Die Antwort auf die Frage nach dem Sinn des Lebens können die Gefühle aber nur auf sehr oberflächlicher und vergänglicher Ebene geben. Das unvergängliche Wesen, jene ewige Bestimmung der Menschennatur, ist im Bewusstsein der Menschen meist gar nicht mehr existent. Man weiß heute um das Seelenheil nicht mehr.

Die höhere Geburt der Seele

Das Seelenheil, das auch die jenseitige Dimension des Lebens nach dem Tode mit umfasst, war den Menschen früher ein tiefes Anliegen. Es war ein wesentlicher, tiefer Beweggrund zum Guten, zum Geben und zu einer rechtschaffenen Arbeit, damit das Leben im Sinne des ewigen Gutes errettet und Zufriedenheit und Erfüllung erfahren werden konnte. Die Gedanken waren früher weiter und unabhängiger von dem individuellen Wohlergehen, und so konnte man noch eine leise Ahnung von der universellen, kosmischen Natur, die dem menschlichen Wesen zugrundeliegt, empfinden. Die wahre Natur des Menschen ist dieses höhere Leben und Wahrheitsbewusstsein, dieser höhere Wahrheitswille. Dieses größere kosmische Wahrheitsbewusstsein ergießt sich zwar in das Individuelle und drückt sich in den unterschiedlichsten Formen aus, aber es bleibt dennoch rein und ewiglich.

Da diese Ebene des Wahrheitsbewusstseins sich völlig verloren hat, steht der Mensch mit einer gewissen Hilflosigkeit im Leben. Obwohl er alles an materiellem Reichtum hat, ist er in Wirklichkeit ohne Wahrheitsbewusstsein sehr arm. Zwischen Geburt und Tod lebt er in einer begrenzten Welt. Er ist hineingeworfen in eine Welt, die angsterfüllt und oberflächlich ist, die Unzufriedenheit mit sich bringt und Schmerz aufwirft. Die höhere Geburt der Seele und das Wahrheitsprinzip im Glauben anzunehmen, im Inneren erst einmal zu verehren und entgegenzunehmen, ist ein erster Schritt.

Es stellt sich somit die Frage: Wie wird man sich einer Ebene annähern können, die jenseits der sichtbaren Erscheinung und jenseits der greifbaren Welt des Sinnesbewusstseins liegt?

Eines der Grundprinzipien, das zur Beantwortung der Frage von Bedeutung ist, entspricht auch dem Yoga. Ein Yoga, der eine Führung und Meisterung des Lebens anstrebt, wird die rechte Aktivität zum Glauben und zur Verwirklichung des inneren Bewusstseinspotentiales enthalten. Die rechte Aktivität im Leben zu entfalten, ist der Weg der Seele. Wie diese rechte Aktivität aussieht, ist zu Beginn ein sehr schwieriges Problem ...

Diese rechte Aktivität mit lebendiger Anteilnahme aufzubringen, unabhängig davon, ob es einen Lohn dafür gibt oder nicht, und etwas zu tun, das man nicht sogleich in allen Dimensionen zu durchschauen vermag, hat der Mensch heute fast verlernt. Diejenigen, die im Lehramt oder in irgendeiner Weise im helfenden Beruf stehen, wissen, dass der Mensch eine große Motivationskraft hat, wenn er guten Lohn erhält. Wenn er aber nichts bekommt, dann ist er nicht geneigt, etwas zu tun. Das Seelenprinzip spricht aus einem strengen, intelligenten und vollkommenen Gesetz: Je mehr der Mensch hingibt, je mehr er für andere handelt, je mehr Selbstlosigkeit er zu erbringen vermag, je mehr Kraft er zu einem selbstlosen und natürlichen Geben, zu einem natürlichen Miteinander, zu einem fürsorglichen Leben, zu natürlicher Güte, Toleranz und zu einer tiefen Nächstenliebe aufzubringen vermag, desto mehr wärmendes Seelenlicht kann auch gedeihen. Dabei ist das natürliche Miteinander frei von Theorien und Ideologien, und die Nächstenliebe bleibt frei von den Forderungen für das eigene Wunschleben.

Das wärmende Seelenlicht wird aus einer größeren, kosmischen Warte geboren. Wenn der Mensch viele Opfer für das Dasein erbracht hat, wird das Seelenlicht langsam auf ihn herniederkommen, und er nimmt es allmählich in seinem Inneren auf ...

3) Der in diesem Kapitel geschilderte geistig-imaginative Zusammenhang über den Tod von Kindern leuchtet in gewisser Weise in dem Märchen vom Tränenkrüglein auf. Deshalb sei es hier an dieser Stelle für den Leser beigefügt.

Das Tränenkrüglein

Es war einmal eine Mutter und ein Kind, und die Mutter hatte das Kind, ihr einziges, lieb von ganzem Herzen und konnte ohne das Kind nicht leben und nicht sein. Aber da sandte der Herr eine große Krankheit, die wütete unter den Kindern und erfasste auch jenes Kind, dass es auf sein Lager sank und zum Tod erkrankte. Drei Tage und drei Nächte wachte, weinte und betete die Mutter bei ihrem geliebten Kind, aber es starb. Da erfasste die Mutter, die nun allein war auf der ganzen Gotteserde, ein gewaltiger und namenloser Schmerz, und sie aß nicht und trank nicht und weinte, weinte wieder drei Tage lang und drei Nächte lang ohne Aufhören und rief nach ihrem Kinde. Wie sie nun so voll tiefen Leides in der dritten Nacht saß, an der Stelle, wo ihr Kind gestorben war, tränenmüde und schmerzensmatt bis zur Ohnmacht, da ging leise die Tür auf, und die Mutter schrak zusammen, denn vor ihr stand ihr gestorbenes Kind. Das war ein seliges Engelein geworden und lächelte süß wie die Unschuld und schön wie in Verklärung. Es trug aber in seinen Händchen ein Krüglein, das war schier übervoll. Und das Kind sprach: »O lieb Mütterlein, weine nicht mehr um mich! Siehe, in diesem Krüglein sind deine Tränen, die du um mich vergossen hast; der Engel der Trauer hat sie in dieses Gefäß gesammelt. Wenn du nur noch *eine* Träne um mich weinest, so wird das Krüglein überfließen, und ich werde dann keine Ruhe haben im Grabe und keine Seligkeit im Himmel. Darum, o lieb Mütterlein, weine nicht mehr um dein Kind, denn dein Kind ist wohl aufgehoben, ist glücklich, und Engel sind seine Gespielen.« Damit verschwand das tote Kind, und die Mutter weinte hinfort keine Träne mehr, um des Kindes Grabesruhe und Himmelsfrieden nicht zu stören.

In der Reihe »Edition Sarca« sind von Heinz Grill erschienen:

**Initiatorische Schulung in Arco –
Die Herzmittelstellung und die Standposition im Leben**
ISBN 3-935925-72-7 (alte ISBN 3-934362-02-8)

**Initiatorische Schulung in Arco –
Übungen zur Erkenntnisbildung der höheren Welten**
ISBN 3-935925-71-9 (alte ISBN 3-934362-04-4)

**Initiatorische Schulung in Arco –
Ein neuer Yogawille für ein integratives Bewusstsein in Geist und Welt**
ISBN 3-935925-70-0 (alte ISBN 3-934362-05-2)

**Initiatorische Schulung in Arco –
Der Hüter der Schwelle und der Lebensauftrag – Der Weinstock**
ISBN 3-935925-69-7 (alte ISBN 3-934362-06-0)

**Initiatorische Schulung in Arco –
Die Seelsorge für die Verstorbenen**
ISBN 3-935925-68-9

Weitere Titel von Heinz Grill:

Yoga und Christentum –
Grundlagen zu einer christlich-geistigen Meditations- und Übungsweise
ISBN 3-935925-96-4 (alte ISBN 3-9802935-6-4)

Geistige Individuation innerhalb der Polaritäten von Gut und Böse –
Das Bewusstsein an der Schwelle zur geistigen Welt
ISBN 3-935925-85-9 (alte ISBN 3-9804230-7-7)

Der Archai und der Weg in die Berge –
Eine spirituell-praktische Anleitung in der Ergründung der Wesensnatur des Berges
ISBN 3-935925-74-3 (alte ISBN 3-9805742-9-6)

**Die sieben Lebensjahrsiebte, die sieben Energiezentren
und die Geburt aus Geist und Wasser**
ISBN 3-935925-94-8 (alte ISBN 3-9804230-0-X)

Die Orientierung und Zielsetzung des »Yoga aus der Reinheit der Seele« –
Eine exoterische Arbeitsgrundlage
ISBN 3-935925-77-8 (alte ISBN 3-9805742-8-8)

Verborgene Konstellationen der Seele –
Wie wirken das Ich, der Engel, Erzengel und Archai im Werden der Seele
ISBN 3-935925-73-5 (alte ISBN 3-934362-01-X)

Die Angst als eine jenseitige Krankheit –
Praktische und spirituelle Grundlagen aus dem Yoga
zur Überwindung von Depressionen und Ängsten
ISBN 3-935925-91-3 (alte ISBN 3-9804230-1-8)

Erkenntnisgrundlagen zur Bhagavad Gita –
Der östliche Pfad des Yoga und der westliche Pfad der Nachfolge Christi
ISBN 3-935925-90-5 (alte ISBN 3-9804230-2-6)

Die Vergeistigung des Leibes – ein künstlerisch-spiritueller Weg mit Yoga
ISBN 3-935925-93-X (alte ISBN 3-9802935-9-9)

Die Entwicklung eines schöpferischen Denkens und Empfindens
am Beispiel der Anatomie und Physiologie des Körpers
ISBN 3-935925-82-4 (alte ISBN 3-9805742-1-0)

Die geistige Bedeutung des Schlafes
ISBN 3-935925-78-6 (alte ISBN 3-9805742-6-1)

Lebensgang und Lebensauftrag für Religion und Kirche –
Eine autobiographische Skizze
ISBN 3-935925-88-3 (alte ISBN 3-9804230-5-0)

Ernährung und die gebende Kraft des Menschen –
Die geistige Bedeutung der Nahrungsmittel
ISBN 3-935925-99-9 (alte ISBN 3-9802935-1-3)

Die Wirksamkeit des Heiligen Geistes in Sakrament und Wort –
Ein ökumenischer Beitrag
ISBN 3-935925-87-5 (alte ISBN 3-9804230-9-3)

Die Offenbarung nach Johannes –
Vorträge über das geheimnisvolle Dokument
ISBN 3-935925-95-6 (alte ISBN 3-9802935-8-0)

Über die Einheit von Körper, Seele und Geist –
Öffentliche Vorträge 1997 zu den Themen Angst, Seelsorge,
Entwicklung der Individualität und Heilung
ISBN 3-935925-84-0 (alte ISBN 3-9805742-2-9)

Die Heilkraft der Seele und das Wesen des selbstlosen Dienens
ISBN 3-935925-92-1 (alte ISBN 3-9802935-7-2)

Die Kirche und ihr geistiger Weltenzusammenhang
ISBN 3-935925-89-1 (alte ISBN 3-9804230-3-4)

Lieder in Hingabe an Gott
ISBN 3-935925-97-2 (alte ISBN 3-9802935-4-8)

Das Hohelied der Asanas –
Ihre geistige Bedeutung und praktische Ausführung
ISBN 3-935925-98-0 (alte ISBN 3-9802935-2-1)

Die Seelendimension des Yoga –
Praktische Grundlagen zu einer neuen Yoga-Übungsweise
ISBN 3-88034-751-4

Harmonie im Atmen – Vertiefung des Yoga-Übungsweges
ISBN 3-88034-686-0

Erklärung, Prophylaxe, Therapie der Krebskrankheit
aus ganzheitlicher medizinischer und spiritueller Sicht
ISBN 3-935925-67-0

Audio-Kassetten von Heinz Grill:

Die Wirkungen von Karma aus seelisch-geistiger Sicht
ISBN 3-935925-75-1 (alte ISBN 3-934362-00-1)

Die Philosophie des Yoga
ISBN 3-935925-79-4 (alte ISBN 3-9805742-7-X)

Die Zunahme von Ängsten und ihre Heilung
ISBN 3-935925-81-6 (alte ISBN 3-9805742-3-7)

**Die Bedeutung von Gebeten und spirituellen Übungen
auf die jenseitige Welt des Totenreiches**
ISBN 3-935925-83-2 (alte ISBN 3-9805742-4-5)